ROBERT 1986

OEUVRES
DE
J.-B. POQUELIN
DE MOLIÈRE.

TOME CINQUIÈME.

PARIS
FELIX LOCQUIN, IMPRIMEUR,
16, RUE NOTRE-DAME DES VICTOIRES.

1843

OEUVRES
DE
MOLIÈRE.

Imprimerie de F. LOCQUIN, 16, rue N.-D. des Victoires.

OEUVRES

DE

J.-B. POQUELIN

DE MOLIERE

TOME CINQUIÈME.

PARIS
FELIX LOCQUIN, IMPRIMEUR,
16, RUE NOTRE-DAME DES VICTOIRES, PRÈS LA BOURS

1842

LE TARTUFFE,

COMÉDIE EN CINQ ACTES.

1664.

PRÉFACE.

Voici une comédie dont a fait beaucoup de bruit, qui a été longtemps persécutée ; et les gens qu'elle joue ont bien fait voir qu'ils étaient plus puissants en France que tous ceux que j'ai loués jusqu'ici. Les marquis, les précieuses, les cocus et les médecins ont souffert tout doucement qu'on les ait représentés ; et ils ont fait semblant de se divertir, avec tout le monde, des peintures que l'on a faites d'eux. Mais les hypocrites n'ont point entendu raillerie ; ils se sont effarouchés d'abord, et ont trouvé étrange que j'eusse la hardiesse de jouer leurs grimaces et de vouloir décrier un métier dont tant d'honnêtes gens se mêlent. C'est un crime qu'ils ne sauraient me pardonner, et ils se sont tous armés contre ma comédie avec une fureur épouvantable. Ils n'ont eu garde de l'attaquer par le côté qui les a blessés ; ils sont trop politiques pour cela, et savent trop bien vivre pour découvrir le fond de leur ame. Suivant leur louable coutume, ils ont couvert leurs intérêts de la cause de Dieu ; et le *Tartuffe*, dans leur bouche, est une pièce qui offense la piété. Elle est, d'un bout à l'autre, pleine d'abominations, et l'on n'y trouve rien qui ne mérite le feu : toutes les syllabes en sont impies ; les gestes même y sont criminels ; et le moindre coup d'œil, le moindre branlement de tête, le moindre pas à droite ou à gauche, y cachent des mystères qu'ils trouvent moyen d'expliquer à mon désavantage. J'ai eu beau la soumettre aux lumières de mes amis et à la censure de tout le monde ; les corrections que j'ai pu faire ; le jugement du roi et de la reine, qui l'ont vue, l'approbation des grands princes et de MM. les ministres, qui l'ont honorée publiquement de leur présence ; le témoignage des gens de bien qui l'ont trouvée profitable; tout cela n'a de rien servi: ils n'en veulent point démordre; et tous les jours encore ils font crier en public de zélés indiscrets, qui me disent des injures pieusement, et me damnent par charité.

Je me soucierais fort peu de tout ce qu'ils peuvent dire, si ce n'était l'artifice qu'ils ont de me faire des ennemis que je respecte, et de jeter dans leur parti de véritables gens de bien, dont ils préviennent la bonne foi, et qui, par la chaleur qu'ils ont pour les intérêts du ciel, sont faciles à recevoir les impressions qu'on veut leur donner. Voilà ce qui m'oblige à me défendre. C'est aux vrais dévots que je veux partout me justifier sur la conduite de ma comédie; et je les conjure de tout mon cœur de ne point condamner les choses avant que de les voir, de se défaire de toute prévention et de ne point servir la passion de ceux dont les grimaces les déshonorent.

Si l'on prend la peine d'examiner de bonne foi ma comédie, on verra sans doute que mes intentions y sont partout innocentes et qu'elle ne tend nullement à jouer les choses que l'on doit révérer; que je l'ai traitée avec toutes les précautions que demandait la délicatesse de la matière; et que j'ai mis tout l'art et tous les soins qu'il m'a été possible pour bien distinguer le personnage de l'hypocrite d'avec celui du vrai dévot. J'ai employé pour cela deux actes entiers à préparer la venue de mon scélérat. Il ne tient pas un seul moment l'auditeur en balance; on le connaît d'abord aux marques que je lui donne; et, d'un bout à l'autre, il ne dit pas un mot, il ne fait pas une action qui ne peigne aux spectateurs le caractère d'un méchant homme et ne fasse éclater celui du véritable homme de bien que je lui oppose.

Je sais bien que, pour réponse, ces messieurs tâchent d'insinuer que ce n'est point au théâtre à parler de ces matières; mais je leur demande, avec leur permission, sur quoi ils fondent cette belle maxime. C'est une proposition qu'ils ne font que supposer et qu'ils ne prouvent en aucune façon; et, sans doute, il ne serait pas difficile de leur faire voir que la comédie, chez les anciens, a pris son origine de la religion, et faisait partie de leurs mystères; que les Espagnols nos voisins ne célèbrent guère de fête où la comédie ne soit mêlée, et que, même parmi nous, elle doit sa naissance aux soins d'une confrérie à qui appartient encore aujourd'hui l'hôtel de Bourgogne; que c'est un lieu qui fut donné pour y représenter les plus importants mystères de notre foi; qu'on en voit encore des comédies imprimées en lettres gothiques, sous le nom d'un docteur de Sorbonne; et, sans aller chercher si loin, que l'on a joué, de notre temps, des pièces saintes de M. de Corneille, qui ont été l'admiration de toute la France.

Si l'emploi de la comédie est de corriger les vices des hommes, je ne vois pas par quelle raison il y en aura de privilégiés. Celui-ci est, dans l'état, d'une conséquence bien plus dangereuse que tous les autres, et nous avons vu que le théâtre a une grande vertu pour la correction. Les plus beaux traits d'une sérieuse morale sont moins puissants, le plus souvent, que ceux de la satyre: et rien ne reprend mieux la plupart des hommes que la peinture de leurs défauts. C'est une grande atteinte aux vices que de les exposer à la risée de tout le monde. On souffre aisément des répréhensions, mais on ne souffre point la raillerie. On veut bien être méchant, mais on ne veut point être ridicule.

On me reproche d'avoir mis des termes de piété dans la bouche de mon imposteur. Hé! pouvais-je m'en empêcher pour bien représenter le caractère d'un hypocrite? Il suffit, ce me semble, que je fasse connaître les motifs criminels qui lui font dire les choses, et que j'en aie retranché les termes consacrés dont on aurait eu peine à lui entendre faire un mauvais usage. — Mais il débite au quatrième acte une morale pernicieuse. — Mais cette morale est-elle quelque chose dont tout le monde n'eût les oreilles rebattues? dit-elle rien de nouveau dans ma comédie? et peut-on craindre que des choses si généralement détestées fassent quelque impression dans les esprits, que je les rende dangereuses en les faisant monter sur le théâtre, qu'elles reçoivent quelque autorité de la bouche d'un scélérat ? Il n'y a nulle apparence à cela, et l'on doit approuver la comédie du *Tartuffe*, ou condamner généralement toutes les comédies.

C'est à quoi l'on s'attache furieusement depuis un temps ; et jamais on ne s'était si fort déchaîné contre le théâtre. Je ne puis pas nier qu'il n'y ait eu des pères de l'Eglise qui ont condamné la comédie ; mais on ne peut pas me nier aussi qu'il n'y en ait eu quelques uns qui l'ont traitée un peu plus doucement. Ainsi l'autorité dont on prétend appuyer la censure est détruite par ce partage ; et toute la conséquence qu'on peut tirer de cette diversité d'opinions en des esprits éclairés des mêmes lumières, c'est qu'ils ont pris la comédie différemment, et que les uns l'ont considérée dans sa pureté, lorsque les autres l'ont regardée dans sa corruption, et confondue avec tous ces vilains spectacles qu'on a eu raison de nommer des spectacles de turpitude.

En effet, puisqu'on doit discourir des choses et non pas des mots, et que la plupart des contrariétés viennent de ne se pas entendre, et d'envelopper dans un même mot des choses opposées, il ne faut qu'ôter le voile de l'équivoque et regarder ce qu'est la comédie en soi, pour voir si elle est condamnable. On connaîtra, sans doute, que, n'étant autre chose qu'un poème ingénieux, qui, par des leçons agréables, reprend les défauts des hommes, on ne saurait la censurer sans injustice. Et si nous voulions ouïr là dessus le témoignage de l'antiquité, elle nous dira que ses plus célèbres philosophes ont donné des louanges à la comédie, eux qui faisaient profession d'une sagesse si austère et qui criaient sans cesse après les vices de leur siècle. Elle nous fera voir qu'Aristote a consacré des veilles au théâtre et s'est donné le soin de réduire en préceptes l'art de faire des comédies. Elle nous apprendra que ses plus grands hommes, et des premiers en dignité, ont fait gloire d'en composer eux-mêmes, qu'il y en a eu d'autres qui n'ont pas dédaigné de réciter en public celles qu'ils avaient composées; que la Grèce a fait pour cet art éclater son estime par les prix glorieux et par les superbes théâtres dont elle a voulu l'honorer; et que, dans Rome enfin, ce même art a reçu aussi des honneurs extraordinaires; je ne dis pas dans Rome débauchée, et sous la licence des empereurs, mais dans Rome disciplinée, sous la sagesse des consuls, et dans le temps de la vigueur de la vertu romaine.

J'avoue qu'il y a eu des temps où la comédie s'est corrompue. Et qu'est-ce que dans le monde on ne corrompt point tous les jours? il n'y a chose si innocente où les hommes ne puissent porter du crime, point d'art si salutaire dont ils ne soient capables de renverser les intentions, rien de si bon en soi qu'ils ne puissent tourner à de mauvais usages. La médecine est un art profitable, et chacun la révère comme une des plus excellentes choses que nous ayons; et cependant il y a eu des temps où elle s'est rendue odieuse, et souvent on en a fait un art d'empoisonner les hommes. La philosophie est un présent du ciel; elle nous a été donnée pour porter nos esprits à la connaissance d'un Dieu par la contemplation des merveilles de la nature : et pourtant on n'ignore pas que souvent on l'a détournée de son emploi, et qu'on l'a occupée publiquement à soutenir l'impiété. Les choses mêmes les plus saintes ne sont point à couvert de la corruption des hommes; et nous voyons des scélérats qui, tous les jours, abusent de la piété et la font servir méchamment aux crimes les plus grands. Mais on ne laisse pas pour cela de faire les distinctions qu'il est besoin de faire : on n'enveloppe point dans une fausse conséquence la bonté des choses que l'on corrompt avec la malice des corrupteurs : on sépare toujours le mauvais usage d'avec l'intention de l'art : et, comme on ne s'avise point de défendre la médecine pour avoir été bannie de Rome, ni la philosophie pour avoir été condamnée publiquement dans Athènes, on ne doit point aussi vouloir interdire la comédie pour avoir été censurée en de certains temps. Cette censure a eu ses raisons, qui ne subsistent point ici; elle s'est enfermée dans ce qu'elle a pu voir, et nous ne devons point la tirer des bornes qu'elle s'est données, l'étendre plus loin qu'il ne faut, et lui faire embrasser l'innocent avec le coupable. La comédie qu'elle a eu dessein d'attaquer n'est point du tout la comédie que nous voulons défendre : il se faut bien garder de confondre celle-là avec celle-ci. Ce sont deux personnes de qui les mœurs sont tout à fait opposées. Elles n'ont aucun rapport l'une avec l'autre que la ressemblance du nom; et ce serait une injustice épouvantable que de vouloir condamner Olimpe qui est femme de bien, parce qu'il y a une Olimpe qui a été une débauchée. De semblables arrêts, sans doute, seraient un grand désordre dans le monde; il n'y aurait rien par là qui ne fût condamné; et, puisque l'on ne garde point cette rigueur à tant de choses dont on abuse tous les jours, on doit bien faire la même grace à la comédie, et approuver les pièces de théâtre où l'on verra régner l'instruction et l'honnêteté.

Je sais qu'il y a des esprits dont la délicatesse ne peut souffrir aucune comédie; qui disent que les plus honnêtes sont les plus dangereuses; que les passions que l'on y dépeint sont d'autant plus touchantes qu'elles sont pleines de vertu, et que les ames sont attendries par ces sortes de représentations. Je ne vois pas quel grand crime c'est que de s'attendrir à la vue d'une passion honnête : et c'est un haut étage de vertu que cette pleine insensibilité où ils veulent faire monter notre ame. Je doute qu'une si grande perfection soit dans les forces de la nature humaine; et je ne sais s'il n'est pas mieux de travailler à rectifier et adoucir les passions des hommes que de vouloir les retrancher entièrement. J'avoue qu'il y a des lieux qu'il vaut mieux fréquenter que le théâtre; et, si l'on veut blâmer toutes les choses qui ne regardent pas directement Dieu et notre salut, il est certain que la comédie en doit être; et je ne trouve point mauvais qu'elle soit condamnée avec le reste : mais, supposé, comme il est vrai, que les exercices de la piété souffrent des intervalles, et que les hommes aient besoin de divertissement, je soutiens qu'on ne leur en peut trouver un qui soit plus innocent que la comédie. Je me suis étendu trop loin : finissons par le mot d'un grand prince sur la comédie du *Tartuffe*.

Huit jours après qu'elle eut été défendue, on représenta, devant la cour, une pièce intitulée : *Scaramouche ermite*; et le roi, en sortant, dit au grand prince que je veux dire : « Je voudrais bien savoir
« pourquoi les gens qui se scandalisent si fort de la
« comédie de Molière ne disent mot de celle de Sca-
« ramouche. » A quoi le prince répondit : « La rai-
« son de cela, c'est que la comédie de Scaramouche
« joue le ciel et la religion, dont ces messieurs-là ne
« se soucient point : mais celle de Molière les joue
« eux-mêmes; c'est ce qu'ils ne peuvent souffrir. »

PREMIER PLACET

PRÉSENTÉ AU ROI,

Sur la comédie du Tartuffe, qui n'avait pas encore été représentée en public.

SIRE,

Le devoir de la comédie étant de corriger les hommes en les divertissant, j'ai cru que, dans l'emploi où je me trouve, je n'avais rien de mieux à faire que d'attaquer par des peintures ridicules les vices de mon siècle ; et, comme l'hypocrisie, sans doute, en est un des plus en usage, des plus incommodes et des plus dangereux, j'avais eu, SIRE, la pensée que je ne rendrais pas un petit service à tous les honnêtes gens de votre royaume, si je faisais une comédie qui décriât les hypocrites, et mît en vue, comme il faut, toutes les grimaces étudiées de ces gens de bien à outrance, toutes les friponneries couvertes de ces faux monnayeurs en dévotion, qui veulent attraper les hommes avec un zèle contrefait et une charité sophistiquée.

Je l'ai faite, SIRE, cette comédie, avec tout le soin, comme je crois, et toutes les circonspections que pouvait demander la délicatesse de la matière ; et, pour mieux conserver l'estime et le respect qu'on doit aux vrais dévots, j'en ai distingué, le plus que j'ai pu, le caractère que j'avais à toucher. Je n'ai point laissé d'équivoque, j'ai ôté ce qui pouvait confondre le bien avec le mal, et ne me suis servi dans cette peinture que des couleurs expresses et des traits essentiels qui font reconnaître d'abord un véritable et franc hypocrite.

Cependant toutes mes précautions ont été inutiles. On a profité, SIRE, de la délicatesse de votre ame sur les matières de religion, et l'on a su vous prendre par l'endroit seul que vous êtes prenable, je veux dire par le respect des choses saintes. Les tartuffes, sous main, ont eu l'adresse de trouver grace auprès de votre majesté ; et les originaux enfin ont fait supprimer la copie, quelque innocente qu'elle fût, et quelque ressemblante qu'on la trouvât.

Bien que ce m'ait été un coup sensible que la suppression de cet ouvrage, mon malheur pourtant était adouci par la manière dont votre majesté s'était expliquée sur ce sujet ; et j'ai cru, SIRE, qu'elle m'ôtait tout lieu de me plaindre, ayant eu la bonté de déclarer qu'elle ne trouvait rien à dire dans cette comédie qu'elle me defendait de produire en public.

Mais malgré cette glorieuse déclaration du plus grand roi du monde et du plus éclairé, malgré l'approbation encore de M. le légat et de la plus grande partie de nos prélats, qui tous, dans nos lectures particulières que je leur ai faites de mon ouvrage, se sont trouvés d'accord avec les sentiments de votre majesté ; malgré tout cela, dis-je, on voit un livre composé par le curé de... qui donne hautement un démenti à tous ces augustes témoignages. Votre majesté a beau dire, et M. le légat et MM. les prélats ont beau donner leur jugement, ma comédie, sans l'avoir vue, est diabolique, et diabolique mon cerveau ; je suis un démon vêtu de chair et habillé en homme, un libertin, un impie digne d'un supplice exemplaire. Ce n'est pas assez que le feu expie en public mon offense, j'en serais quitte à trop bon marché : le zèle charitable de ce galant homme de bien n'a garde de demeurer là ; il ne veut point que j'aie de miséricorde auprès de Dieu, il veut absolument que je sois damné, c'est une affaire résolue.

Ce livre, SIRE, a été présenté à votre majesté : et, sans doute, elle jugera bien elle-même combien il m'est fâcheux de me voir exposé tous les jours aux insultes de ces messieurs ; quel tort me feront dans le monde de telles calomnies, s'il faut qu'elles soient tolérées; et quel intérêt j'ai enfin à me purger de son imposture, et à faire voir au public que ma comédie n'est rien moins que ce qu'on veut qu'elle soit. Je ne dirai point, SIRE, ce que j'aurais à demander pour ma réputation, et pour justifier à tout le monde l'innocence de mon ouvrage : les éclairés, comme vous, n'ont pas besoin qu'on leur marque ce qu'on souhaite; ils voient comme Dieu, ce qu'il nous faut, et savent mieux que nous ce qu'ils nous doivent accorder. Il me suffit de mettre mes intérêts entre les mains de votre majesté, et j'attends d'elle, avec respect, tout ce qu'il lui plaira d'ordonner là-dessus.

SECOND PLACET

Présenté au roi, dans son camp, devant la ville de Lille en Flandre, par les sieurs de la Thorillière et la Grange, comédiens de sa majesté, et compagnons du sieur Molière, sur la défense qui fut faite le 6 août 1667 de représenter le Tartuffe, jusqu'à nouvel ordre de sa majesté.

SIRE,

C'est une chose bien téméraire à moi que de venir importuner un grand monarque au milieu de ses glorieuses conquêtes; mais, dans l'état où je me vois, où trouver, SIRE, une protection qu'au lieu où je la viens chercher ? Et qui puis-je solliciter contre l'autorité de la puissance qui m'accable, que la source de la puissance et de l'autorité, que le juste dispensateur des ordres absolus, que le souverain juge et le maître de toutes choses ?

Ma comédie, SIRE, n'a pu jouir ici des bontés de votre majesté. En vain je l'ai produite sous le titre de *l'Imposteur*, et déguisé le personnage sous l'ajustement d'un homme du monde; j'ai eu beau lui donner un petit chapeau, de grands cheveux, un grand collet, une epée, et des dentelles sur tout l'habit, mettre en plusieurs endroits des adoucissements, et retrancher avec soin tout ce que j'ai jugé capable de fournir l'ombre d'un prétexte aux célèbres originaux du portrait que je voulais faire : tout cela n'a de rien servi. La cabale s'est réveillée aux simples conjectures qu'ils ont pu avoir de la chose. Ils ont trouvé moyen de surprendre des esprits qui, dans toute autre matière, font une haute profession de ne se point laisser surprendre. Ma comédie n'a pas plutôt paru, qu'elle s'est vue foudroyée par le coup d'un pouvoir qui doit imposer du respect; et tout ce que j'ai pu faire en cette rencontre pour me sauver moi-même de l'éclat de cette tempête, c'est de dire que votre majesté avait eu la bonté de m'en permettre la représentation, et que je n'avais pas cru qu'il fût besoin de demander cette permission à d'autres, puisqu'il n'y avait qu'elle seule qui me l'eût défendue.

Je ne doute point, SIRE, que les gens que je peins dans ma comédie ne remuent bien des ressorts auprès de votre majesté, et ne jettent dans leur parti, comme ils l'ont déjà fait, de véritables gens de bien, qui sont d'autant plus prompts à se laisser tromper, qu'ils jugent d'autrui par eux-mêmes. Ils ont l'art de donner de belles couleurs à toutes leurs intentions. Quelque mine qu'ils fassent, ce n'est point du tout l'intérêt de Dieu qui les peut émouvoir; ils l'ont assez montré dans les comédies qu'ils ont souffert qu'on ait jouées tant de fois en public, sans en dire le moindre mot. Celles-là n'attaquaient que la piété et la religion, dont ils se soucient fort peu : mais celle-ci les attaque et les joue eux-mêmes; c'est ce qu'ils ne peuvent souffrir. Ils ne sauraient me pardonner de dévoiler leurs impostures aux yeux de tout le monde; et, sans doute, on ne manquera pas de dire à votre majesté que chacun s'est scandalisé de ma comédie. Mais la vérité pure, SIRE, c'est que tout Paris ne s'est scandalisé que de la défense qu'on en a faite; que les plus scrupuleux en ont trouvé la représentation profitable, et qu'on s'est étonné que des personnes d'une probité si connue aient eu une si grande déférence pour des gens qui devraient être l'horreur de tout le monde, et sont si opposés à la véritable piété dont elles font profession.

J'attends, avec respect, l'arrêt que votre majesté daignera prononcer sur cette matière : mais il est très assuré, SIRE, qu'il ne faut plus que je songe à faire des comédies, si les tartuffes ont l'avantage;

qu'ils prendront droit par-là de me persécuter plus que jamais, et voudront trouver à redire aux choses les plus innocentes qui pourront sortir de ma plume.

Daignent vos bontés, SIRE, me donner une protection contre leur rage envenimée ! et puissé-je, au retour d'une campagne si glorieuse, délasser votre majesté des fatigues de ses conquêtes, lui donner d'innocents plaisirs après de si nobles travaux, et faire rire le monarque qui fait trembler toute l'Europe!

TROISIÈME PLACET

Présenté au roi le 5 février 1669.

SIRE,

Un fort honnête médecin, dont j'ai l'honneur d'être le malade, me promet et veut s'obliger pardevant notaires de me faire vivre encore trente années, si je puis lui obtenir une grace de votre majesté. Je lui ai dit, sur sa promesse, que je ne lui demandais pas tant, et que je serais satisfait de lui, pourvu qu'il s'obligeât de ne me point tuer. Cette grace, SIRE, est un canonicat de votre chapelle royale de Vincennes, vacant par la mort de...

Oserais-je demander encore cette grace à votre majesté le propre jour de la grande résurrection de Tartuffe, ressuscité par vos bontés? Je suis par cette première faveur réconcilié avec les dévots, et je le serais par cette seconde avec les médecins. C'est pour moi, sans doute, trop de graces à la fois; mais peut-être n'en est-ce pas trop pour votre majesté : et j'attends avec un peu d'espérance respectueuse la réponse de mon placet.

PERSONNAGES.

Madame PERNELLE, mère d'Orgon.
ORGON, mari d'Elmire.
ELMIRE, femme d'Orgon.
DAMIS, fils d'Orgon.
MARIANE, fille d'Orgon.
VALÈRE, amant de Mariane.
CLÉANTE, beau frère d'Orgon.
TARTUFFE, faux dévot.
DORINE, suivante de Mariane.
Monsieur LOYAL, sergent.
UN EXEMPT.
FLIPOTE, servante de madame Pernelle.

La scène est à Paris, dans la maison d'Orgon.

LE TARTUFFE.

ACTE PREMIER.

SCENE PREMIÈRE.

MADAME PERNELLE, ELMIRE, MARIANE, CLÉANTE, DAMIS, DORINE, FLIPOTE.

MADAME PERNELLE.
Allons, Flipote, allons; que d'eux je me délivre.
ELMIRE.
Vous marchez d'un tel pas, qu'on a peine à vous suivre.
MADAME PERNELLE.
Laissez, ma bru, laissez; ne venez pas plus loin :
Ce sont toutes façons dont je n'ai pas besoin.
ELMIRE.
De ce que l'on vous doit envers vous l'on s'acquitte.
Mais, ma mère, d'où vient que vous sortez si vite ?
MADAME PERNELLE.
C'est que je ne puis voir tout ce ménage-ci,
Et que de me complaire on ne prend nul souci.
Oui, je sors de chez vous fort mal édifiée :
Dans toutes mes leçons j'y suis contrariée ;
On n'y respecte rien, chacun y parle haut,
Et c'est tout justement la cour du roi Petaud.
DORINE.
Si...
MADAME PERNELLE.
Vous êtes, ma mie, une fille suivante,
Un peu trop forte en gueule, et fort impertinente ;
Vous vous mêlez sur tout de dire votre avis.
DAMIS.
Mais...

MADAME PERNELLE.
Vous êtes un sot, en trois lettres, mon fils;
C'est moi qui vous le dis, qui suis votre grand'mère;
Et j'ai prédit cent fois à mon fils, votre père,
Que vous preniez tout l'air d'un méchant garnement,
Et ne lui donneriez jamais que du tourment.
MARIANE.
Je crois...
MADAME PERNELLE.
Mon Dieu! sa sœur, vous faites la discrète,
Et vous n'y touchez pas, tant vous semblez doucette!
Mais il n'est, comme on dit, pire eau que l'eau qui dort;
Et vous menez, sous cape, un train que je hais fort.
ELMIRE.
Mais, ma mère...
MADAME PERNELLE.
Ma bru, qu'il ne vous en déplaise,
Votre conduite en tout est tout à fait mauvaise;
Vous devriez leur mettre un bon exemple aux yeux;
Et leur défunte mère en usait beaucoup mieux.
Vous êtes dépensière; et cet état me blesse,
Que vous alliez vêtue ainsi qu'une princesse.
Quiconque à son mari veut plaire seulement,
Ma bru, n'a pas besoin de tant d'ajustement.
CLÉANTE.
Mais, madame, après tout...
MADAME PERNELLE.
Pour vous, monsieur son frère,
Je vous estime fort, vous aime, et vous révère:
Mais enfin, si j'étais de mon fils, son époux,
Je vous prierais bien fort de n'entrer point chez nous
Sans cesse vous prêchez des maximes de vivre,
Qui par d'honnêtes gens ne se doivent point suivre.
Je vous parle un peu franc; mais c'est là mon hu
Et je ne mâche point ce que j'ai sur le cœur. [meu
DAMIS.
Votre monsieur Tartuffe est bien heureux, sa
MADAME PERNELLE. [doute..
C'est un homme de bien qu'il faut que l'on écoute;

Et je ne puis souffrir, sans me mettre en courroux,
De le voir querellé par un fou comme vous.
DAMIS.
Quoi! je souffrirai, moi, qu'un cagot de critique
Vienne usurper céans un pouvoir tyrannique;
Et que nous ne puissions à rien nous divertir,
Si ce beau monsieur-là n'y daigne consentir?
DORINE.
S'il le faut écouter et croire à ses maximes,
On ne peut faire rien qu'on ne fasse des crimes;
Car il contrôle tout, ce critique zélé.
MADAME PERNELLE.
Et tout ce qu'il contrôle est fort bien contrôlé.
C'est au chemin du ciel qu'il prétend vous conduire:
Et mon fils à l'aimer vous devrait tous induire.
DAMIS.
Non, voyez-vous, ma mère, il n'est père, ni rien,
Qui me puisse obliger à lui vouloir du bien :
Je trahirais mon cœur de parler d'autre sorte
Sur ses façons de faire à tous coups je m'emporte :
J'en prévois une suite, et qu'avec ce pied-plat
Il faudra que j'en vienne à quelque grand éclat.
DORINE.
Certes, c'est une chose aussi qui scandalise,
De voir qu'un inconnu céans s'impatronise ;
Qu'un gueux, qui, quand il vint n'avait pas de souliers,
Et dont l'habit entier valait bien six deniers,
En vienne jusque-là que de se méconnaître,
De contrarier tout, et de faire le maître.
MADAME PERNELLE.
Hé ! merci de ma vie ! il en irait bien mieux
Si tout se gouvernait par ses ordres pieux.
DORINE.
Il passe pour un saint dans votre fantaisie :
Tout son fait, croyez-moi, n'est rien qu'hypocrisie.
MADAME PERNELLE.
Voyez la langue !
DORINE.
A lui, non plus qu'à son Laurent,
Je ne me fierais moi que sur un bon garant.

MADAME PERNELLE.
J'ignore ce qu'au fond le serviteur peut-être ;
Mais pour homme de bien je garantis le maître.
Vous ne lui voulez mal et ne le rebutez
Qu'à cause qu'il vous dit à tous vos vérités.
C'est contre le péché que son cœur se courrouce,
Et l'intérêt du ciel est tout ce qui le pousse.
DORINE.
Oui; mais pourquoi, surtout depuis un certain temps,
Ne saurait-il souffrir qu'aucun hante céans ?
En quoi blesse le ciel une visite honnête,
Pour en faire un vacarme à nous rompre la tête?
Veut-on que là-dessus je m'explique entre nous !...
     (montrant Elmire.)
Je crois que de madame il est, ma foi, jaloux.
MADAME PERNELLE.
Taisez-vous, et songez aux choses que vous dites.
Ce n'est pas lui tout seul qui blâme ces visites ;
Tout ce tracas qui suit les gens que vous hantez,
Ces carrosses sans cesse à la porte plantés,
Et de tant de laquais le bruyant assemblage,
Font un éclat fâcheux dans tout le voisinage.
Je veux croire qu'au fond il ne se passe rien :
Mais enfin on en parle ; et cela n'est pas bien.
CLÉANTE.
Hé ! voulez-vous, madame, empêcher qu'on ne cause?
Ce serait dans la vie une fâcheuse chose,
Si, pour les sots discours où l'on peut être mis,
Il fallait renoncer à ses meilleurs amis.
Et quand même on pourrait se résoudre à le faire,
Croiriez-vous obliger tout le monde à se taire?
Contre la médisance il n'est point de rempart.
A tous les sots caquets n'ayons donc nul égard :
Efforçons-nous de vivre avec toute innocence,
Et laissons aux causeurs une pleine licence.
DORINE.
Daphné, notre voisine, et son petit époux,
Ne seraient-ils point ceux qui parlent mal de nous?
Ceux de qui la conduite offre le plus à rire
Sont toujours sur autrui les premiers à médire :

Ils ne manquent jamais de saisir promptement
L'apparente lueur du moindre attachement,
D'en semer la nouvelle avec beaucoup de joie,
Et d'y donner le tour qu'ils veulent qu'on y croie :
Des actions d'autrui, teintes de leurs couleurs,
Ils pensent dans le monde autoriser les leurs,
Et, sous le faux espoir de quelque ressemblance,
Aux intrigues qu'ils ont donner de l'innocence,
Ou faire ailleurs tomber quelques traits partagés
De ce blâme public dont ils sont trop chargés.

MADAME PERNELLE.

Tous ces raisonnements ne font rien à l'affaire.
On sait qu'Orante mène une vie exemplaire ;
Tous ses soins vont au ciel ; et j'ai su par des gens
Qu'elle condamne fort le train qui vient céans.

DORINE.

L'exemple est admirable, et cette dame est bonne !
Il est vrai qu'elle vit en austère personne ;
Mais l'âge dans son ame a mis ce zèle ardent,
Et l'on sait qu'elle est prude à son corps défendant.
Tant qu'elle a pu des cœurs attirer les hommages,
Elle a fort bien joui de tous ses avantages :
Mais voyant de ses yeux tous les brillants baisser,
Au monde qui la quitte elle veut renoncer,
Et du voile pompeux d'une haute sagesse
De ses attraits usés déguiser la faiblesse.
Ce sont là les retours des coquettes du temps :
Il leur est dur de voir déserter les galants.
Dans un tel abandon, leur sombre inquiétude
Ne voit d'autre recours que le métier de prude ;
Et la sévérité de ces femmes de bien
Censure toute chose, et ne pardonne à rien ;
Hautement d'un chacun elles blâment la vie,
Non point par charité, mais par un trait d'envie
Qui ne saurait souffrir qu'un autre ait les plaisirs
Dont le penchant de l'âge a sevré leurs désirs.

MADAME PERNELLE, *à Elmire*.

Voilà les contes bleus qu'il vous faut pour vous plaire,
Ma bru, L'on est chez vous contrainte de se taire ;

Car madame, à jaser, tient le dé tout le jour.
Mais enfin je prétends discourir à mon tour :
Je vous dis que mon fils n'a rien fait de plus sage
Qu'en recueillant chez soi ce dévot personnage ;
Que le ciel au besoin l'a céans envoyé
Pour redresser à tous votre esprit fourvoyé ;
Que, pour votre salut, vous le devez entendre ;
Et qu'il ne reprend rien qui'ne soit à reprendre.
Ces visites, ces bals, ces conversations,
Sont du malin esprit toutes inventions.
Là, jamais on n'entend de pieuses paroles ;
Ce sont propos oisifs, chansons et fariboles :
Bien souvent le prochain en a sa bonne part,
Et l'on y sait médire et du tiers et du quart.
Enfin les gens sensés ont leurs têtes troublées
De la confusion de telles assemblées :
Mille caquets divers s'y font en moins de rien ;
Et, comme l'autre jour un docteur dit fort bien,
C'est véritablement la tour de Babylone,
Car chacun y babille, et tout du long de l'aune :
Et pour conter l'histoire où ce point l'engagea...
            (*montrant Cléante.*)
Voilà-t-il pas monsieur qui ricane déjà !
Allez chercher vos fous qui vous donnent à rire,
            (*à Elmire.*)
Et sans... Adieu, ma bru ; je ne veux plus rien dire.
Sachez que pour céans j'en rabats de moitié,
Et qu'il fera beau temps quand j'y mettrai le pied.
            (*donnant un soufflet à Flipote.*)
Allons, vous, vous rêvez et bayez aux corneilles.
Jour de Dieu ! je saurai vous frotter les oreilles.
Marchons, gaupe, marchons.

SCÈNE II.

CLÉANTE, DORINE.

CLÉANTE.

                Je n'y veux point aller,
De peur qu'elle ne vînt encor me quereller ;
Que cette bonne femme...

DORINE.

      Ah ! certes, c'est dommage
Qu'elle ne vous ouït tenir un tel langage ;
Elle vous dirait bien qu'elle vous trouve bon,
Et qu'elle n'est point d'âge à lui donner ce nom.

CLÉANTE.

Comme elle s'est pour rien contre nous échauffée,
Et que de son Tartuffe elle paraît coiffée !

DORINE.

Oh ! vraiment, tout cela n'est rien au prix du fils :
Et, si vous l'aviez vu, vous diriez : c'est bien pis !
Nos troubles l'avaient mis sur le pied d'homme sage,
Et, pour servir son prince, il montra du courage :
Mais il est devenu comme un homme hébété,
Depuis que de Tartuffe on le voit entêté ;
Il l'appelle son frère, et l'aime dans son ame
Cent fois plus qu'il ne fait mère, fils, fille, et femme.
C'est de tous ses secrets l'unique confident,
Et de ses actions le directeur prudent ;
Il le choie, il l'embrasse ; et pour une maîtresse
On ne saurait, je pense, avoir plus de tendresse.
A table, au plus haut bout il veut qu'il soit assis :
Avec joie il l'y voit manger autant que six ;
Les bons morceaux de tout, il faut qu'on les lui cède ;
Et, s'il vient à rotter, il lui dit, Dieu vous aide !
Enfin il en est fou ; c'est son tout, son héros ;
Il l'admire à tous coups, le cite à tous propos ;
Ses moindres actions lui semblent des miracles,
Et tous les mots qu'il dit sont pour lui des oracles.
Lui, qui connaît sa dupe, et qui veut en jouir,
Par cent dehors fardés a l'art de l'éblouir ;
Son cagotisme en tire, à toute heure, des sommes,
Et prend droit de gloser sur tous tant que nous sommes.
Il n'est pas jusqu'au fat qui lui sert de garçon
Qui ne se mêle aussi de nous faire leçon ;
Il vient nous sermoner avec des yeux farouches,
Et jeter nos rubans, notre rouge et nos mouches.
Le traître, l'autre jour, nous rompit de ses mains
Un mouchoir qu'il trouva dans une Fleur des Saints,

Disant que nous mêlions, par un crime effroyable,
Avec la sainteté les parures du diable.

SCENE III.

ELMIRE, MARIANE, DAMIS, CLÉANTE, DORINE.

ELMIRE, *à Cléante.*

Vous êtes bien heureux de n'être point venu
Au discours qu'à la porte elle nous a tenu.
Mais j'ai vu mon mari, comme il ne m'a point vue,
Je veux aller là-haut attendre sa venue.

CLÉANTE.

Moi, je l'attends ici pour moins d'amusement;
Et je vais lui donner le bon jour seulement.

SCENE IV.

CLÉANTE, DAMIS, DORINE.

DAMIS.

De l'hymen de ma sœur touchez-lui quelque chose.
J'ai soupçon que Tartuffe à son effet s'oppose,
Qu'il oblige mon père à des détours si grands;
Et vous n'ignorez pas quel intérêt j'y prends.
Si même ardeur enflamme et ma sœur et Valère,
La sœur de cet ami, vous le savez, m'est chère?
Et s'il fallait ..

DORINE.

Il entre.

SCENE V.

ORGON, CLÉANTE, DORINE.

ORGON.

Ah ! mon frère, bon jour.

CLÉANTE.

Je sortais, et j'ai joie à vous voir de retour.
La campagne à présent n'est pas beaucoup fleurie.

ORGON.

(*à Cléante.*)

Dorine... Mon beau-frère, attendez, je vous prie.

Vous voulez bien souffrir, pour m'ôter de souci,
Que je m'informe un peu des nouvelles d'ici.
       (à *Dorine*.)
Tout s'est-il, ces deux jours, passé de bonne sorte ?
Qu'est-ce qu'on fait ceans ? comme est-ce qu'on s'y
                    DORINE.   [porte ?
Madame eut avant hier la fièvre jusqu'au soir,
Avec un mal de tête étrange à concevoir.
              ORGON.
Et Tartuffe ?
              DORINE.
          Tartuffe ! il se porte à merveille,
Gros et gras, le teint frais, et la bouche vermeille.
              ORGON.
  Le pauvre homme !
              DORINE.
            Le soir, elle eut un grand dégoût,
Et ne put, au souper, toucher à rien du tout,
Tant sa douleur de tête était encor cruelle !
              ORGON.
Et Tartuffe ?
              DORINE.
            Il soupa, lui tout seul, devant elle ;
Et fort dévotement il mangea deux perdrix,
Avec une moitié de gigot en hachis.
              ORGON.
Le pauvre homme !
              DORINE.
            La nuit se passa tout entière
Sans qu'elle pût fermer un moment sa paupière ;
Des chaleurs l'empêchaient de pouvoir sommeiller,
Et jusqu'au jour, près d'elle, il nous fallut veiller.
              ORGON.
Et Tartuffe ?
              DORINE.
            Pressé d'un sommeil agréable,
Il passa dans sa chambre au sortir de la table ;
Et dans son lit bien chaud il se mit tout soudain,
Où, sans trouble, il dormit jusques au lendemain.

ORGON.
Le pauvre homme !
DORINE.
　　　　　A la fin, par nos raisons gagnée,
Elle se résolut à souffrir la saignée;
Et le soulagement suivit tout aussitôt.
ORGON.
Et Tartuffe !
DORINE.
　　　　　Il reprit courage comme il faut;
Et, contre tous les maux fortifiant son ame,
Pour réparer le sang qu'avait perdu madame,
But, à son déjeuné quatre grands coups de vin.
ORGON.
Le pauvre homme !
DORINE.
　　　　　Tous deux se portent bien enfin;
Et je vais à madame annoncer, par avance,
La part que vous prenez à sa convalescence.

SCENE VI.
ORGON, CLÉANTE.

CLÉANTE.
A votre nez, mon frère, elle se rit de vous :
Et, sans avoir dessein de vous mettre en courroux,
Je vous dirai tout franc que c'est avec justice.
A-t-on jamais parlé d'un semblable caprice?
Et se peut-il qu'un homme ait un charme aujourd'hui
A vous faire oublier toutes choses pour lui ;
Qu'après avoir chez vous réparé sa misère
Vous en veniez au point...
ORGON.
　　　　　Alte-là, mon beau-frère;
Vous ne connaissez pas celui dont vous parlez.
CLÉANTE.
Je ne le connais pas, puisque vous le voulez ;
Mais enfin, pour savoir quel homme ce peut-être...
ORGON.
Mon frère, vous seriez charmé de le connaître,

Et vos ravissements ne prendraient point de fin.
C'est un homme... qui... ah! un homme... un
                                    homme enfin...
Qui suit bien ses leçons, goûte une paix profonde,
Et comme du fumier regarde tout le monde.
Oui, je deviens tout autre avec son entretien;
Il m'enseigne à n'avoir affection pour rien,
De toutes amitiés il détache mon ame;
Et je verrais mourir frère, enfants, mère, et femme,
Que je m'en soucierais autant que de cela.

CLÉANTE.

Les sentiments humains, mon frère, que voilà!

ORGON.

Ah! si vous aviez vu comme j'en fis rencontre,
Vous auriez pris pour lui l'amitié que je montre.
Chaque jour à l'église il venait, d'un air doux,
Tout vis à vis de moi se mettre à deux genoux.
Il attirait les yeux de l'assemblée entière
Par l'ardeur dont au ciel il poussait sa prière;
Il faisait des soupirs, de grands élancements,
Et baisait humblement la terre à tous moments :
Et, lorsque je sortais, il me dévançait vite
Pour m'aller, à la porte, offrir de l'eau bénite.
Instruit par son garçon, qui dans tout l'imitait,
Et de son indigence et de tout ce qu'il était,
Je lui faisais des dons : mais, avec modestie,
Il me voulait toujours en rendre une partie.
C'est trop, me disait-il, c'est trop de la moitié;
Je ne mérite pas de vous faire pitié.
Et quand je refusais de le vouloir reprendre,
Aux pauvres, à mes yeux, il allait le répandre.
Enfin le ciel chez moi me le fit retirer,
Et depuis ce temps-là tout semble y prospérer.
Je vois qu'il reprend tout, et qu'à ma femme même
Il prend pour mon honneur, un intérêt extrême;
Il m'avertit des gens qui lui font les yeux doux,
Et plus que moi six fois il s'en montre jaloux.
Mais vous ne croirez point jusqu'où monte son zèle :
Il s'impute à péché la moindre bagatelle;

Un rien presque suffit pour le scandaliser ;
Jusques-là qu'il se vint, l'autre jour, accuser
D'avoir pris une puce en faisant sa prière,
Et de l'avoir tuée avec trop de colère.

CLÉANTE.

Parbleu ! vous êtes fou, mon frère, que je croi.
Avec de tels discours vous moquez-vous de moi ?
Et que prétendez-vous ? Que tout ce badinage...

ORGON.

Mon frère, ce discours sent le libertinage :
Vous en êtes un peu dans votre ame entiché ;
Et, comme je vous l'ai plus de dix fois prêché,
Vous vous attirerez quelque méchante affaire.

CLÉANTE.

Voilà de vos pareils le discours ordinaire :
Ils veulent que chacun soit aveugle comme eux.
C'est être libertin que d'avoir de bons yeux ;
Et qui n'adore pas de vaines simagrées,
N'a ni respect ni foi pour les choses sacrées.
Allez ; tous vos discours ne me font point de peur ;
Je sais comme je parle, et le ciel voit mon cœur.
De tous vos façonniers on n'est point les esclaves.
Il est de faux dévots ainsi que de faux braves :
Et comme on ne voit pas qu'où l'honneur les conduit
Les vrais braves soient ceux qui font beaucoup de bruit,
Les bons et vrais dévots, qu'on doit suivre à la trace,
Ne sont pas ceux aussi qui font tant de grimace.
Hé quoi ! vous ne ferez nulle distinction
Entre l'hypocrisie et la dévotion ?
Vous les voulez traiter d'un semblable langage,
Et rendre même honneur au masque qu'au visage,
Egaler l'artifice à la sincérité,
Confondre l'apparence avec la vérité,
Estimer le fantôme autant que la personne,
Et la fausse monnaie à l'égal de la bonne ?
Les hommes la plupart sont étrangement faits ;
Dans la juste nature on ne les voit jamais :
La raison a pour eux des bornes trop petites ;
En chaque caractère il passe ses limites ;

Et la plus noble chose, ils la gâtent souvent
Pour la vouloir outrer et pousser trop avant.
Que cela vous soit dit en passant, mon beau-frère.
ORGON.
Oui, vous êtes sans doute un docteur qu'on révère ;
Tout le savoir du monde est chez vous retiré ;
Vous êtes le seul sage et le seul éclairé,
Un oracle, un Caton dans le siècle où nous sommes ;
Et près de vous ce sont des sots que tous les hommes.
CLÉANTE.
Je ne suis point, mon frère, un docteur révéré ;
Et le savoir chez moi n'est pas tout retiré ;
Mais, en un mot, je sais, pour toute ma science,
Du faux avec le vrai faire la différence.
Et comme je ne vois nul genre de héros
Qui soit plus à priser que les parfaits dévots,
Aucune chose au monde et plus noble et plus belle
Que la sainte ferveur d'un véritable zèle,
Aussi ne vois-je rien qui soit plus odieux
Que le dehors plâtré d'un zèle spécieux,
Que ces francs charlatans, que ces dévots de place,
De qui la sacrilège et trompeuse grimace
Abuse impunément, et se joue, à leur gré,
De ce qu'ont les mortels de plus saint et sacré ;
Ces gens qui, par une ame à l'interêt soumise,
Font de dévotion métier et marchandise,
Et veulent acheter crédit et dignités
A prix de faux clins d'yeux et d'élans affectés ;
Ces gens, dis-je, qu'on voit d'une ardeur non commune
Par le chemin du ciel courir à leur fortune ;
Qui, brûlants et priants, demandent chaque jour,
Et prêchent la retraite au milieu de la cour :
Qui savent ajuster leur zèle avec leurs vices,
Sont prompts, vindicatifs, sans foi, pleins d'artifices !
Et pour perdre quelqu'un couvrent insolemment
De l'intérêt du ciel leur fier ressentiment ;
D'autant plus dangereux dans leur âpre colère,
Qu'ils prennent contre nous des armes qu'on révère,
Et que leur passion, dont on leur sait bon gré,
Vient nous assassiner avec un fer sacré :

De ce faux caractère on en voit trop paraître;
Mais les dévots de cœur sont aisés à connaître.
Notre siècle, mon frère, en expose à nos yeux
Qui peuvent nous servir d'exemples glorieux.
Regardez Ariston, regardez Périandre,
Oronte, Alcidamas, Polydore, Clitandre;
Ce titre par aucune ne leur est débattu;
Ce ne sont point du tout fanfarons de vertu;
On ne voit point en eux ce faste insupportable,
Et leur dévotion est humaine et traitable :
Ils ne censurent point toutes nos actions,
Ils trouvent trop d'orgueil dans ces corrections;
Et, laissant la fierté des paroles aux autres,
C'est par leurs actions qu'ils reprennent les nôtres.
L'apparence du mal a chez eux peu d'appui,
Et leur ame est portée à juger bien d'autrui.
Point de cabale en eux, point d'intrigues à suivre;
On les voit, pour tous soins, se mêler de bien vivre.
Jamais contre un pécheur ils n'ont d'acharnement,
Ils attachent leur haine au péché seulement,
Et ne veulent point prendre, avec un zèle extrême,
Les intérêts du ciel plus qu'il ne veut lui-même.
Voilà mes gens, voilà comme il en faut user,
Voilà l'exemple enfin qu'il se faut proposer.
Votre homme, à dire vrai, n'est pas de ce modèle :
C'est de fort bonne foi que vous vantez son zèle;
Mais par un faux éclat je vous crois ébloui.

ORGON.

Monsieur mon cher beau-frère, avez-vous tout dit?

CLÉANTE.

Oui.

ORGON, *s'en allant*

Je suis votre valet.

CLÉANTE.

De grace, un mot, mon frère,
Laissons-là ce discours. Vous savez que Valère,
Pour être votre gendre, a parole de vous.

ACTE I, SCÈNE VI.

ORGON.

Oui.

CLÉANTE.

Vous aviez pris jour pour un lieu si doux.

ORGON.

Il est vrai.

CLÉANTE.

Pourquoi donc en différer la fête?

ORGON.

Je ne sais.

CLÉANTE.

Auriez-vous autre pensée en tête?

ORGON.

Peut-être.

CLÉANTE.

Vous voulez manquer à votre foi?

ORGON.

Je ne dis pas cela.

CLÉANTE.

Nul obstacle, je crois,
Ne vous peut empêcher d'accomplir vos promesses.

ORGON.

Selon.

CLÉANTE

Pour dire un mot faut-il tant de finesses?
Valère, sur ce point, me fait vous visiter.

ORGON.

Le ciel en soit loué?

CLÉANTE.

Mais que lui reporter?

ORGON.

Tout ce qu'il vous plaira.

CLÉANTE.

Mais il est nécessaire
De savoir vos desseins. Quels sont-ils donc?

ORGON.

                                              De faire
Ce que le ciel voudra.

CLÉANTE.

                   Mais parlons tout de bon.
Valère a votre foi; la tiendrez-vous, ou non ?

ORGON.

Adieu.

CLÉANTE.

    Pour son amour je crains une disgrâce,
Et je dois l'avertir de tout ce qui se passe.

FIN DU PREMIER ACTE.

ACTE SECOND.

SCÈNE PREMIERE.

ORGON, MARIANE.

ORGON.

Mariane.

MARIANE.

Mon père.

ORGON.

Approchez, j'ai de quoi
Vous parler en secret.

MARIANE, à Orgon, qui regarde dans un cabinet

Que cherchez-vous ?

ORGON.

Je voi
Si quelqu'un n'est point là qui pourrait nous entendre
Car ce petit endroit est propre pour surprendre,
Or sus, nous voilà bien. J'ai, Mariane, en vous
Reconnu de tout temps un esprit assez doux,
Et de tout temps aussi vous m'avez été chère.

MARIANE.

Je suis fort redevable à cet amour de père.

ORGON.

C'est fort bien dit, ma fille ; et pour le mériter,
Vous devez n'avoir soin que de me contenter.

MARIANE.

C'est où je mets aussi ma gloire la plus haute.

ORGON.

Fort bien. Que dites-vous de Tartuffe notre hôte ?

MARIANE.

Qui ? moi ?

ORGON.

Vous. Voyez bien comme vous répondrez.

MARIANE.

Hélas ! j'en dirai, moi, tout ce que vous voudrez.

SCÈNE II.

ORGON, MARIANE, DORINE, *entrant doucement, et se tenant derrière Orgon, sans être vue.*

ORGON.
C'est parler sagement... Dites-moi donc, ma fille,
Qu'en toute sa personne un haut mérite brille,
Qu'il touche votre cœur, et qu'il vous serait doux
De le voir, par mon choix, devenir votre époux.
Hé !

MARIANE.
Hé !

ORGON.
Qu'est-ce ?

MARIANE.
Plaît-il ?

ORGON.
Quoi ?

MARIANE.
Me suis-je méprise?

ORGON.
Comment ?

MARIANE.
Qui voulez-vous, mon père, que je dise
Qui me touche le cœur, et qu'il me serait doux
De voir, par votre choix, devenir mon époux?

ORGON.
Tartuffe.

MARIANE.
Il n'en est rien, mon père, je vous jure.
Pourquoi me faire dire une telle imposture?

ORGON.
Mais je veux que cela soit une vérité;
Et c'est assez pour vous que je l'aie arrêté.

MARIANE.
Quoi ! vous voulez, mon père...?

ORGON.
Oui, je prétends, ma fille,
Unir, par votre hymen, Tartuffe à ma famille.
Il sera votre époux j'ai résolu cela;

ACTE II, SCENE II.

(apercevant Dorine.)

Et comme sur vos vœux je... Que faites-vous là ?
La curiosité qui vous presse est bien forte,
Ma mie, à nous venir écouter de la sorte.

DORINE

Vraiment, je ne sais pas si c'est un bruit qui part
De quelque conjecture, ou d'un coup de hasard;
Mais de ce mariage on m'a dit la nouvelle,
Et j'ai traité cela de pure bagatelle.

ORGON.

Quoi donc! la chose est-elle incroyable?

DORINE.

A tel point

Que vous même, monsieur, je ne vous en crois point.

ORGON.

Je sais bien le moyen de vous le faire croire.

DORINE.

Oui! oui! vous nous contez une plaisante histoire!

ORGON.

Je conte justement ce qu'on verra dans peu.

DORINE.

Chansons!

ORGON.

Ce que je dis, ma fille n'est point jeu.

DORINE.

Allez, ne croyez point à monsieur votre père;
Il raille.

ORGON.

Je vous dis...

DORINE.

Non; vous avez beau faire,

On ne vous croira point.

ORGON.

A la fin mon courroux...

DORINE.

Hé bien! on vous croit donc; et c'est tant pis pour vous.
Quoi! se peut-il, monsieur, qu'avec l'air d'homme sage,
Et cette large barbe au milieu du visage,
Vous soyez assez fou pour vouloir...?

ORGON.

Ecoutez :

Vous avez pris céans certaines privautés

Qui ne me plaisent point ; je vous le dis, mamie.
DORINE.
Parlons sans nous fâcher, monsieur, je vous supplie.
Vous moquez-vous des gens d'avoir fait ce complot?
Votre fille n'est point l'affaire d'un bigot :
Il a d'autres emplois auxquels il faut qu'il pense.
Et puis, que vous apporte une telle alliance?
A quel sujet aller, avec tout votre bien,
Choisir un gendre gueux...?
ORGON.
Taisez-vous. S'il n'a rien,
Sachez que c'est par là qu'il faut qu'on le révère.
Sa misère est sans doute une honnête misère;
Au-dessus des grandeurs elle doit l'élever;
Puisqu'enfin de son bien il s'est laissé priver
Par son trop peu de soin des choses temporelles,
Et sa puissante attache aux choses éternelles.
Mais mon secours pourra lui donner les moyens
De sortir d'embarras, et rentrer dans ses biens:
Ce sont fiefs qu'à bon titre au pays on renomme;
Et, tel que l'on le voit, il est bien gentilhomme.
DORINE.
Oui, c'est lui qui le dit; et cette vanité,
Monsieur, ne sied pas bien avec la piété.
Qui d'une sainte vie embrasse l'innocence
Ne doit point tant prôner son nom et sa naissance :
Et l'humble procédé de la dévotion
Souffre mal les éclats de cette ambition.
A quoi bon cet orgueil?... Mais ce discours vous blesse:
Parlons de sa personne, et laissons sa noblesse.
Ferez-vous possesseur, sans quelque peu d'ennui,
D'une fille comme elle un homme comme lui?
Et ne devez-vous pas songer aux bienséances,
Et de cette union prévoir les conséquences?
Sachez que d'une fille on risque la vertu,
Lorsque dans son hymen son goût est combattu;
Que le dessein d'y vivre en honnête personne
Dépend des qualités du mari qu'on lui donne;
Et que ceux dont partout on montre au doigt le front
Font leurs femmes souvent ce qu'on voit qu'elles sont.

Il est bien difficile enfin d'être fidèle
A de certains maris faits d'un certain modèle ;
Et qui donne à sa fille un homme qu'elle hait
Est responsable au ciel des fautes qu'elle fait.
Songez à quels périls votre dessein vous livre.
ORGON.
Je vous dis qu'il me faut apprendre d'elle à vivre !
DORINE.
Vous n'en feriez que mieux de suivre mes leçons,
ORGON.
Ne nous amusons point, ma fille, à ces chansons ;
Je sais ce qu'il vous faut, et je suis votre père.
J'avais donné pour vous ma parole à Valère :
Mais outre qu'à jouer on dit qu'il est enclin,
Je le soupçonne encor d'être un peu libertin ;
Je ne remarque point qu'il hante les églises.
DORINE.
Voulez-vous qu'il y coure à vos heures précises,
Comme ceux qui n'y vont que pour être aperçus ?
ORGON.
Je ne demande pas votre avis là-dessus.
Enfin avec le ciel l'autre est le mieux du monde,
Et c'est une richesse à nulle autre seconde.
Cet hymen de tous biens comblera vos désirs,
Il sera tout confit en douceurs et plaisirs.
Ensemble vous vivrez, dans vos ardeurs fidèles,
Comme deux vrais enfants, comme deux tourterelles
A nul fâcheux débat jamais vous n'en viendrez ;
Et vous ferez de lui tout ce que vous voudrez.
DORINE.
Elle ! elle n'en fera qu'un sot, je vous assure.
ORGON.
Ouais ! quels discours !
DORINE.
Je dis qu'il en a l'encolure,
Et que son ascendant, monsieur, l'emportera
Sur toute la vertu que votre fille aura.
ORGON.
Cessez de m'interrompre, et songez à vous taire,
Sans mettre votre nez où vous n'avez que faire.

DORINE.
Je n'en parle, monsieur, que pour votre intérêt.
ORGON.
C'est prendre trop de soin ; taisez-vous, s'il vous plaît.
DORINE.
Si l'on ne vous aimait...
ORGON.
Je ne veux pas qu'on m'aime.
DORINE.
Et je veux vous aimer, monsieur, malgré vous-même.
ORGON.
Ah !
DORINE.
Votre honneur m'est cher, et je ne puis souffrir
Qu'aux brocards d'un chacun vous alliez vous offrir.
ORGON.
Vous ne vous tairez point !
DORINE.
C'est une conscience
Que de vous laisser faire une telle alliance.
ORGON.
Te tairas-tu, serpent, dont les traits effrontés...?
DORINE.
Ah ! vous êtes dévot, et vous vous emportez !
ORGON.
Oui, ma bile s'échauffe à toutes ces fadaises,
Et tout résolument je veux que tu te taises.
DORINE.
Soit, mais, ne disant mot, je n'en pense pas moins.
ORGON.
Pense, si tu le veux ; mais applique tes soins
(*à sa fille.*)
A ne m'en point parler, ou... Suffit... Comme sage,
J'ai pesé mûrement toutes choses.
DORINE, *à part.*
J'enrage
De ne pouvoir parler.
ORGON.
Sans être damoiseau,
Tartuffe est fait de sorte...
DORINE, *à part.*
Oui, c'est un beau museau.

ACTE II, SCÈNE II.

ORGON.
Que quand tu n'aurais même aucune sympathie
Pour tous les autres dons...

DORINE, à part.
La voilà bien lotie !
(*Orgon se tourne du coté de Dorine, et, les bras croisés,
l'écoute et la regarde en face.*)
Si j'étais en sa place, un homme assurément
Ne m'épouserait pas de force impunément ;
Et je lui ferais voir, bientôt après la fête,
Qu'une femme a toujours une vengeance prête.

ORGON, à Dorine.
Donc de ce que je dis on ne fera nul cas ?

DORINE.
De quoi vous plaignez-vous ? Je ne vous parle pas.

ORGON.
Qu'est-ce que tu fais donc ?

DORINE.
Je me parle à moi-même.

ORGON, à part.
Fort bien. Pour châtier son insolence extrême,
Il faut que je lui donne un revers de ma main.
(*Il se met en posture de donner un soufflet à Dorine ;
et, à chaque mot qu'il dit à sa fille, il se tourne pour
regarder Dorine, qui se tient droite sans parler.*)
Ma fille, vous devez approuver mon dessein...
Croire que le mari... que j'ai su vous élire...
(*à Dorine.*)
Que ne te parles-tu ?

DORINE.
Je n'ai rien à me dire.

ORGON.
Encore un petit mot.

DORINE.
Il ne me plaît pas, moi.

ORGON.
Certes je t'y guettais.

DORINE.
Quelle sotte, ma foi !..

ORGON.
Enfin, ma fille, il faut payer d'obéissance,
Et montrer pour mon choix entière déférence.

DORINE, *en s'enfuyant.*
Je me moquerais fort de prendre un tel époux.
ORGON, *après avoir manqué de donner un soufflet à Dorine.*
Vous avez là, ma fille, une peste avec vous,
Avec qui, sans péché, je ne saurais plus vivre.
Je me sens hors d'état maintenant de poursuivre.
Ses discours insolents m'on mis l'esprit en feu,
Et je vais prendre l'air pour me rasseoir un peu.

SCÈNE III.

MARIANE, DORINE.

DORINE.
Avez-vous donc perdu, dites-moi, la parole?
Et faut-il qu'en ceci je fasse votre rôle?
Souffrir qu'on vous propose un projet insensé,
Sans que du moindre mot vous l'ayez repoussé?
MARIANE.
Contre un père absolu que veux-tu que je fasse?
DORINE.
Ce qu'il faut pour parer une telle menace.
MARIANE.
Quoi?
DORINE.
    Lui dire qu'un cœur n'aime pas par autrui;
Que vous vous mariez pour vous, non pas pour lui;
Qu'étant celle pour qui se fait toute l'affaire,
C'est à vous, non à lui, que le mari doit plaire;
Et que si son Tartuffe est pour lui si charmant,
Il le peut épouser sans nul empêchement.
MARIANE.
Un père, je l'avoue, a sur nous tant d'empire,
Que je n'ai jamais eu la force de rien dire.
DORINE.
Mais raisonnons. Valère a fait pour vous des pas:
L'aimez-vous, je vous prie, ou ne l'aimez-vous pas?
MARIANE.
Ah! qu'envers mon amour ton injustice est grande,
Dorine! me dois-tu faire cette demande?
T'ai-je pas là-dessus ouvert cent fois mon cœur?
Et sais-tu pas pour lui jusqu'où va mon ardeur?

DORINE.
Que sais-je si le cœur a parlé par la bouche,
Et si c'est tout de bon que cet amour vous touche?
MARIANE.
Tu me fais un grand tort, Dorine, d'en douter ;
Et mes vrais sentiments ont su trop éclater.
DORINE.
Enfin, vous l'aimez donc?
MARIANE.
Oui d'une ardeur extrême.
DORINE.
Et selon l'apparence il vous aime de même?
MARIANE.
Je le crois.
DORINE.
Et tous deux brûlez également
De vous voir mariés ensemble?
MARIANE.
Assurément.
DORINE.
Sur cette autre union quelle est donc votre attente?
MARIANE.
De me donner la mort, si l'on me violente.
DORINE.
Fort bien. C'est un recours où je ne songeais pas.
Vous n'avez qu'à mourir pour sortir d'embarras.
Le remède sans doute est merveilleux. J'enrage
Lorsque j'entends tenir ces sortes de langage.
MARIANE.
Mon Dieu! de quelle humeur, Dorine, tu te rends?
Tu ne compatis point aux déplaisirs des gens.
DORINE.
Je ne compatis point à qui dit des sornettes,
Et dans l'occasion mollit comme vous faites.
MARIANE.
Mais que veux-tu? si j'ai de la timidité...
DORINE.
Mais l'amour dans un cœur veut de la fermeté.
MARIANE.
Mais n'en gardè-je point pour les feux de Valère?
Et n'est-ce pas à lui de m'obtenir d'un père?

DORINE.
Mais quoi! si votre père est un bourru fieffé,
Qui s'est de son Tartuffe entièrement coiffé,
Et manque à l'union qu'il avait arrêtée,
La faute à votre amant doit-elle être imputée?
MARIANE.
Mais, par un haut refus et d'éclatants mépris,
Ferai-je dans mon choix, voir un cœur trop épris?
Sortirai-je pour lui, quelque éclat dont il brille,
De la pudeur du sexe, et du devoir de fille?
Et veux-tu que mes feux par le monde étalés...?
DORINE.
Non, non, je ne veux rien. Je vois que vous voulez
Être à monsieur Tartuffe; et j'aurais, quand j'y pense,
Tort de vous détourner d'une telle alliance.
Quelle raison aurai-je à combattre vos vœux?
Le parti de soi-même est fort avantageux. [pose?
Monsieur Tartuffe! oh! oh! n'est-ce rien qu'on pro-
Certes, monsieur Tartuffe, à bien prendre la chose.
N'est pas un homme, non, qui se mouche du pied;
Et ce n'est pas peu d'heur que d'être sa moitié.
Tout le monde déjà de gloire le couronne;
Il est noble chez lui, bien fait de sa personne;
Il a l'oreille rouge et le teint bien fleuri:
Vous vivrez trop contente avec un tel mari.
MARIANE.
Mon Dieu!...
DORINE.
Quelle allégresse aurez-vous dans votre ame,
Quand d'un époux si beau vous vous verrez la femme!
MARIANE.
Ah! cesse, je te prie, un semblable discours;
Et contre cet hymen ouvre-moi du secours.
C'en est fait, je me rends, et suis prête à tout faire.
DORINE.
Non, il faut qu'une fille obéisse à son père,
Voulût-il lui donner un singe pour époux.
Votre sort est fort beau : de quoi vous plaignez-vous?
Vous irez par le coche en sa petite ville,
Qu'en oncles et cousins vous trouverez fertile,

Et vous vous plairez fort à les entretenir.
D'abord chez le beau monde on vous fera venir.
Vous irez visiter, pour votre bien venue,
Madame la baillive et madame l'élue,
Qui d'un siège pliant vous feront honorer.
Là, dans le carnaval, vous pourrez espérer
Le bal et la grand'bande, à savoir, deux musettes,
Et parfois Fagotin et les marionettes ;
Si pourtant votre époux...

MARIANE.
Ah ! tu me fais mourir
De tes conseils plutôt songe à me secourir.

DORINE.
Je suis votre servante.

MARIANE.
Hé ! Dorine, de grace...

DORINE.
Il faut pour vous punir que cette affaire passe.

MARIANE.
Ma pauvre fille !

DORINE.
Non.

MARIANE.
Si mes vœux déclarés...

DORINE.
Point. Tartuffe est votre homme, et vous en tâterez.

MARIANE.
Tu sais qu'à toi toujours je me suis confiée :
Fais-moi...

DORINE.
Non, vous serez, ma foi, tartuffiée.

MARIANE.
Hé bien ! puisque mon sort ne saurait t'émouvoir,
Laisse-moi désormais toute à mon désespoir :
C'est de lui que mon cœur empruntera de l'aide ;
Et je sais de mes maux l'infaillible remède.
(*Mariane veut s'en aller.*)

DORINE.
Hé ! là, là, revenez. Je quitte mon courroux,
Il faut nonobstant tout avoir pitié de vous.

MARIANE.
Vois-tu, si l'on m'expose à ce cruel martyre,
Je te le dis, Dorine, il faudra que j'expire.
DORINE.
Ne vous tourmentez point. On peut adroitement
Empêcher...Mais voici Valère, votre amant.

SCENE IV.

VALÈRE, MARIANE, DORINE.

VALÈRE.
On vient de débiter, madame, une nouvelle
Que je ne savais pas, et qui sans doute est belle.
MARIANE.
Quoi?
VALÈRE.
Que vous épousez Tartuffe.
MARIANE.
Il est certain
Que mon père s'est mis en tête ce dessein.
VALÈRE.
Votre père, madame !...
MARIANE.
A changé de visée :
La chose vient par lui de m'être proposée.
VALÈRE.
Quoi! sérieusement?
MARIANE.
Oui, sérieusement.
Il s'est pour cet hymen déclaré hautement.
VALÈRE.
Et quel est le dessein où votre ame s'arrête,
Madame?
MARIANE.
Je ne sais.
VALÈRE.
La réponse est honnête.
Vous ne savez?
MARIANE.
Non.
VALÈRE.
Non?

ACTE II, SCENE IV.

MARIANE.
Que me conseillez-vous?
VALÈRE.
Je vous conseille, moi, de prendre cet époux.
MARIANE.
Vous me le conseillez?
VALÈRE.
Oui.
MARIANE.
Tout de bon?
VALÈRE.
Sans doute.
Le choix est glorieux, et vaut bien qu'on l'écoute.
MARIANE.
Hé bien! c'est un conseil, monsieur, que je reçois.
VALÈRE.
Vous n'aurez pas gran'dpeine à le suivre, je crois.
MARIANE.
Pas plus qu'à le donner en a souffert votre ame.
VALÈRE.
Moi, je vous l'ai donné pour vous plaire, madame.
MARIANE.
Et moi, je le suivrai pour vous faire plaisir.
DORINE, *se retirant dans le fond du théâtre.*
Voyons ce qui pourra de ceci réussir.
VALÈRE.
C'est donc ainsi qu'on aime? et c'était tromperie
Quand vous...
MARIANE.
Ne parlons point de cela, je vous prie.
Vous m'avez dit tout franc que je dois accepter
Celui que pour époux on me veut présenter :
Et je déclare, moi, que je prétends le faire,
Puisque vous m'en donnez le conseil salutaire.

VALÈRE.
Ne vous excusez point sur mes intentions.
Vous aviez pris déjà vos résolutions;
Et vous vous saisissiez d'un prétexte frivole
Pour vous autoriser à manquer de parole.
MARIANE.
Il est vrai, c'est bien dit.

VALERE.
             Sans doute; et votre cœur
N'a jamais eu pour moi de véritable ardeur.
                MARIANE.
Hélas! permis à vous d'avoir cette pensée.
                VALERE.
Oui, oui, permis à moi : mais mon ame offensée
Vous préviendra peut-être en un pareil dessein;
Et je sais où porter et mes vœux et ma main.
                MARIANE.
Ah! je n'en doute point; et les ardeurs qu'excite
Le mérite...
                VALÈRE.
           Mon Dieu! laissons là le mérite;
J'en ai fort peu, sans doute, et vous en faites foi.
Mais j'espère aux bontés qu'une autre aura pour moi;
Et j'en sais de qui l'ame, à ma retraite ouverte,
Consentira sans honte à réparer ma perte.
                MARIANE.
La perte n'est pas grande; et de ce changement
Vous vous consolerez assez facilement.
                VALERE.
J'y ferai mon possible; et vous le pouvez croire.
Un cœur qui nous oublie engage notre gloire;
Il faut à l'oublier mettre aussi tous nos soins :
Si l'on n'en vient à bout, on le doit feindre au moins;
Et cette lâcheté jamais ne se pardonne,
De montrer de l'amour pour qui nous abandonne.
                MARIANE.
Ce sentiment, sans doute, est noble et relevé.
                VALÈRE.
Fort bien; et d'un chacun il doit être approuvé.
Hé quoi! vous voudriez qu'à jamais dans mon ame
Je gardasse pour vous les ardeurs de ma flamme,
Et vous visse, à mes yeux, passer en d'autres bras,
Sans mettre ailleurs un cœur dont vous ne voulez pas?
                MARIANE.
Au contraire; pour moi, c'est ce que je souhaite;
Et je voudrais déjà que la chose fût faite.
                VALERE.
Vous le voudriez?

ACTE II, SCENE IV.

MARIANE.
Oui.

VALÈRE.
C'est assez m'insulter,
Madame, et, de ce pas, je vais vous contenter.
(*Il fait un pas pour s'en aller.*)

MARIANE.
Fort bien.

VALÈRE, *revenant.*
Souvenez-vous au moins que c'est vous-même
Qui contraignez mon cœur à cet effort extrême.

MARIANE.
Oui.

VALÈRE, *revenant encore.*
Et que le dessein que mon ame conçoit
N'est rien qu'à votre exemple.

MARIANE.
A mon exemple, soit.

VALÈRE, *en sortant.*
Suffit : vous allez être à point nommé servie.

MARIANE.
Tant mieux.

VALÈRE, *revenant encore.*
Vous me voyez, c'est pour toute ma vie.

MARIANE.
A la bonne heure.

VALÈRE, *se retournant lorsqu'il est prêt à sortir.*
Hé?

MARIANE.
Quoi?

VALÈRE.
Ne m'appelez-vous pas?

MARIANE.
Moi! Vous rêvez.

VALÈRE.
Hé bien! je poursuis donc mes pas.
Adieu, madame. (*Il s'en va lentement.*)

MARIANE.
Adieu, monsieur.

DORINE, *à Mariane.*
Pour moi je pense
Que vous perdez l'esprit par cette extravagance;

Et je vous ai laissés tout du long quereller,
Pour voir où tout cela pourrait enfin aller.
Holà, seigneur Valère.
(*Elle arrête Valère par le bras.*)
VALERE, *feignant de résister.*
Hé! que veux-tu, Dorine?
DORINE.
Venez ici.
VALÈRE.
Non, non, le dépit me domine.
Ne me détourne point de ce qu'elle a voulu.
DORINE.
Arrêtez.
VALÈRE.
Non, vois-tu, c'est un point résolu.
DORINE.
Ah!
MARIANE, *à part.*
Il souffre à me voir, ma présence le chasse;
Et je ferai bien mieux de lui quitter la place.
DORINE, *quittant Valère, et courant après Mariane.*
A l'autre! Où courez-vous?
MARIANE.
Laisse.
DORINE.
Il faut revenir.
MARIANE.
Non, non, Dorine; en vain tu me veux retenir.
VALERE, *à part.*
Je vois bien que ma vue est pour elle un supplice;
Et, sans doute, il vaut mieux que je l'en affranchisse.
DORINE, *quittant Mariane, et courant après Valère.*
Encor! Diantre soit fait de vous! Si... Je le veux.
Cessez ce badinage; et venez çà tous deux.
(*Elle prend Valère et Mariane par la main et les ramène.*)
VALERE, *à Dorine.*
Mais, quel est ton dessein?
MARIANE, *à Dorine.*
Qu'est-ce que tu veux faire?
DORINE.
Vous bien remettre ensemble, et vous tirer d'affaire.

(à *Valère*.)
Êtes-vous fou d'avoir un pareil démêlé?
VALÈRE.
N'as-tu pas entendu comme elle m'a parlé.?
DORINE, *à Mariane.*
Êtes-vous folle, vous, de vous être emportée?
MARIANE.
N'as-tu pas vu la chose, et comme il m'a traitée?
DORINE.
(à *Valère*.)
Sottise des deux parts. Elle n'a d'autre soin
Que de se conserver à vous, j'en suis témoin.
(à *Mariane*.)
Il n'aime que vous seule, et n'a point d'autre envie
Que d'être votre époux, j'en réponds sur ma vie.
MARIANE, *à Valère*
Pourquoi donc me donner un semblable conseil?
VALÈRE, *à Mariane.*
Pourquoi m'en demander sur un sujet pareil?
DORINE.
Vous êtes fous tous deux. Ça, la main l'un et l'autre.
(à *Valère*.)
Allons, vous.
VALÈRE, *en donnant sa main à Dorine.*
A quoi bon ma main?
DORINE, *à Mariane.*
Ah çà! la vôtre.
MARIANE, *en donnant aussi sa main.*
De quoi sert tout cela?
DORINE.
Mon Dieu! vite, avancez.
Vous vous aimez tous deux plus que vous ne pensez.
(*Valère et Mariane se tiennent quelque temps par la main, sans se regarder.*)
VALÈRE, *se tournant vers Mariane*
Mais ne faites donc point les choses avec peine;
Et regardez un peu les gens sans nulle haine.
(*Mariane se tourne du côté de Valère, en lui souriant.*)
DORINE.
A vous dire le vrai, les amants sont bien fous!

VALERE, à Mariane.

Oh ça! n'ai-je pas lieu de me plaindre de vous?
Et, pour n'en point mentir, n'êtes-vous pas méchante
De vous plaire à me dire une chose affligeante?

MARIANE.

Mais vous, n'êtes-vous pas l'homme le plus ingrat...

DORINE.

Pour une autre saison laissons tout ce débat,
Et songeons à parer ce fâcheux mariage.

MARIANE.

Dis-nous donc quels ressorts il faut mettre en usage.

DORINE.

Nous en ferons agir de toutes les façons.
(à Mariane.)   (à Valère.)
Votre père se moque; et ce sont des chansons.
(à Mariane.)
Mais, pour vous, il vaut mieux qu'à son extravagance,
D'un doux consentement vous prêtiez l'apparence,
Afin qu'en cas d'alarme il vous soit plus aisé
De tirer en longueur cet hymen proposé.
En attrapant du temps, à tout on remédie.
Tantôt vous payerez de quelque maladie,
Qui viendra tout à coup, et voudra des délais;
Tantôt vous payerez de présages mauvais;
Vous aurez fait d'un mort la rencontre fâcheuse,
Cassé quelque miroir, ou songé d'eau bourbeuse;
Enfin le bon de tout, c'est qu'à d'autres qu'à lui
On ne peut vous lier que vous ne disiez oui.
Mais, pour bien réussir, il est bon, ce me semble,
Qu'on ne vous trouve point tous deux parlant ensemble.
(à Valère.)
Sortez; et, sans tarder, employez vos amis
Pour vous faire tenir ce qu'on vous a promis.
Nous allons réveiller les efforts de son frère,
Et dans notre parti jeter la belle-mère.
Adieu.

VALERE, à Mariane.

Quelques efforts que nous préparions tous,
Ma plus grande espérance, à vrai dire, est en vous.

ACTE II, SCÈNE IV.

MARIANE, *à Valère.*

Je ne vous réponds pas des volontés d'un père;
Mais je ne serai point à d'autre qu'à Valère.

VALÈRE.

Que vous me comblez d'aise! Et quoi que puisse oser...

DORINE.

Ah! jamais les amants ne sont las de jaser.
Sortez, vous dis-je.

VALÈRE, *revenant sur ses pas.*

Enfin...

DORINE.

Quel caquet est le vôtre!
Tirez de cette part; et vous, tirez de l'autre.
(*Dorine les pousse chacun par l'épaule, et les oblige
de se séparer.*)

FIN DU SECOND ACTE.

ACTE III.

SCÈNE PREMIÈRE

DAMIS, DORINE.

DAMIS.
Que la foudre, sur l'heure, achève mes destins,
Qu'on me traite partout du plus grand des faquins;
S'il est aucun respect ni pouvoir qui m'arrête,
Et si je ne fais pas quelque coup de ma tête!
DORINE.
De grace, modérez un tel emportement,
Votre père n'a fait qu'en parler simplement.
On n'exécute pas tout ce qui se propose,
Et le chemin est long du projet à la chose.
DAMIS.
Il faut que de ce fat j'arrête les complots,
Et qu'à l'oreille un peu je lui dise deux mots.
DORINE.
Ah! tout doux envers lui, comme envers votre père,
Laissez agir les soins de votre belle-mère.
Sur l'esprit de Tartuffe elle a quelque crédit;
Il se rend complaisant à tout ce qu'elle dit,
Et pourrait bien avoir douceur de cœur pour elle.
Plût à Dieu qu'il fût vrai! la chose serait belle.
Enfin, votre intérêt l'oblige à le mander;
Sur l'hymen qui vous trouble elle veut le sonder,
Savoir ses sentiments, et lui faire connaître
Quels fâcheux démêlés il pourra faire naître,
S'il faut qu'à ce dessein il prête quelque espoir.
Son valet dit qu'il prie; et je n'ai pu le voir;
Mais ce valet m'a dit qu'il s'en allait descendre.
Sortez donc, je vous prie, et me laissez l'attendre.
DAMIS.
Je puis être présent à tout cet entretien.

ACTE III, SCENE II.

DORINE.
Point. Il faut qu'ils soient seuls.
DAMIS.
Je ne lui dirai rien.
DORINE.
Vous vous moquez; on sait vos transports ordinaires;
Et c'est le vrai moyen de gâter les affaires.
Sortez.
DAMIS.
Non, je veux voir, sans me mettre en courroux.
DORINE.
Que vous êtes fâcheux! Il vient. Retirez-vous.
(*Damis va se cacher dans un cabinet qui est au fond du théâtre.*)

SCENE II.

TARTUFFE, DORINE.

TARTUFFE, *parlant haut à son valet qui est dans la maison, dès qu'il aperçoit Dorine.*
Laurent, serrez ma haire avec ma discipline,
Et priez que toujours le ciel vous illumine.
Si l'on vient pour me voir, je vais aux prisonniers,
Des aumônes que j'ai partager les deniers.
DORINE, *à part.*
Que d'affectation et de forfanterie!
TARTUFFE.
Que voulez-vous?
DORINE.
Vous dire...
TARTUFFE, *tirant un mouchoir de sa poche.*
Ah! mon Dieu! je vous prie,
Avant que de parler, prenez-moi ce mouchoir.
DORINE.
Comment!
TARTUFFE.
Couvrez ce sein que je ne saurais voir.
Par de pareils objets les ames sont blessées,
Et cela fait venir de coupables pensées.
DORINE.
Vous êtes donc bien tendre à la tentation;
Et la chair sur vos sens fait grande impression!

Certes, je ne sais pas quelle chaleur vous monte !
Mais à convoiter, moi, je ne suis pas si prompte ;
Et je vous verrais nu, du haut jusques en bas,
Que toute votre peau ne me tenterait pas.

TARTUFFE.

Mettez dans vos discours un peu de modestie,
Ou je vais sur le champ vous quitter la partie.

DORINE.

Non, non, c'est moi qui vais vous laisser en repos,
Et je n'ai seulement qu'à vous dire deux mots.
Madame va venir dans cette salle basse,
Et d'un mot d'entretien vous demande la grace.

TARTUFFE.

Hélas ! très volontiers.

DORINE, *à part.*

Comme il se radoucit !
Ma foi, j'en suis toujours pour ce que j'en ai dit.

TARTUFFE.

Viendra-t-elle bientôt ?

DORINE,

Je l'entends, ce me semble.
Oui, c'est elle en personne, et je vous laisse ensemble.

SCENE III.

ELMIRE, TARTUFFE.

TARTUFFE.

Que le ciel à jamais, par sa toute bonté,
Et de l'ame et du corps vous donne la santé,
Et bénisse vos jours autant que le désire
Le plus humble de ceux que son amour inspire !

ELMIRE.

Je suis fort obligée à ce souhait précieux.
Mais prenons une chaise, afin d'être un peu mieux.

TARTUFFE, *assis.*

Comment de votre mal vous sentez-vous remise ?

ELMIRE, *assise.*

Fort bien ; et cette fièvre a bientôt quitté prise.

TARTUFFE.

Mes prières n'ont pas le mérite qu'il faut
Pour avoir attiré cette grace d'en haut.

ACTE III, SCENE III.

Mais je n'ai fait au ciel nulle dévote instance
Qui n'ait eu pour objet votre convalescence.
ELMIRE.
Votre zèle pour moi s'est trop inquiété.
TARTUFFE.
On ne peut trop chérir votre chère santé ;
Et, pour la rétablir, j'aurais donné la mienne.
ELMIRE.
C'est pousser bien avant la charité chrétienne ;
Et je vous dois beaucoup pour toutes ces bontés.
TARTUFFE.
Je fais bien moins pour vous que vous ne méritez.
ELMIRE
J'ai voulu vous parler en secret d'une affaire,
Et suis bien aise ici qu'aucun ne nous éclaire.
TARTUFFE.
J'en suis ravi de même ; et, sans doute, il m'est doux,
Madame, de me voir seul à seul avec vous.
C'est une occasion qu'au ciel j'ai demandée,
Sans que, jusqu'à cette heure, il me l'ait accordée.
ELMIRE.
Pour moi, ce que je veux, c'est un mot d'entretien,
Où tout votre cœur s'ouvre, et ne me cache rien.
(*Damis, sans se montrer, entr'ouvre la porte du cabinet dans lequel il s'était retiré, pour entendre la conversation.*
TARTUFFE.
Et je ne veux aussi, pour grace singulière,
Que montrer à vos yeux mon ame tout entière,
Et vous faire serment que les bruits que j'ai faits
Des visites qu'ici reçoivent vos attraits
Ne sont pas envers vous l'effet d'aucune haine,
Mais plutôt d'un transport de zèle qui m'entraîne,
Et d'un pur mouvement...
ELMIRE.
Je le prends bien aussi,
Et crois que mon salut vous donne ce souci.
TARTUFFE, *prenant les mains d'Elmire, et lui serrant les doigts.*
Oui, madame, sans doute ; et ma ferveur est telle..

ELMIRE.
Ouf! vous me serrez trop.
TARTUFFE.
C'est par excès de zèle.
De vous faire aucun mal je n'eus jamais dessein,
Et j'aurais bien plutôt...
(*Il met la main sur les genoux d'Elmire.*)
ELMIRE.
Que fait là votre main?
TARTUFFE.
Je tâte votre habit : l'étoffe en est moelleuse.
ELMIRE.
Ah ! de grace, laissez , je suis fort chatouilleuse.
(*Elmire recule son fauteuil , et Tartuffe se rapproche d'elle.*)
TARTUFFE, *maniant le fichu d'Elmire*
Mon Dieu ! que de ce point l'ouvrage est merveilleux!
On travaille aujourd'hui d'un air miraculeux!
Jamais, en toute chose, on n'a vu si bien faire.
ELMIRE.
Il est vrai. Mais parlons un peu de notre affaire.
On tient que mon mari veut dégager sa foi,
Et vous donner sa fille. Est-il vrai? dites-moi.
TARTUFFE.
Il m'en a dit deux mots : mais , madame, à vrai dire,
Ce n'est pas le bonheur après quoi je soupire;
Et je vois autre part les merveilleux attraits
De la félicité qui fait tous mes souhaits.
ELMIRE.
C'est que vous n'aimez rien des choses de la terre.
TARTUFFE.
Mon sein n'enferme point un cœur qui soit de pierre.
ELMIRE.
Pour moi, je crois qu'au ciel tendent tous vos soupirs,
Et que rien ici-bas n'arrête vos désirs.
TARTUFFE.
L'amour qui nous attache aux beautés éternelles
N'étouffe pas en nous l'amour des temporelles :
Nos sens facilement peuvent être charmés
Des ouvrages parfaits que le ciel a formés.

ACTE III, SCENE III.

Ses attraits réfléchis brillent dans vos pareilles ;
Mais il étale en vous ses plus rares merveilles ;
Il a sur votre face épanché ses beautés
Dont les yeux sont surpris, et les cœurs transportés ;
Et je n'ai pu vous voir parfaite créature,
Sans admirer en vous l'auteur de la nature,
Et d'un ardent amour sentir mon cœur atteint,
Au plus beau des portraits où lui-même s'est peint.
D'abord j'appréhendai que cette ardeur secrète
Ne fût du noir esprit une surprise adroite ;
Et même a fuir vos yeux mon cœur se résolut,
Vous croyant un obstacle à faire mon salut.
Mais enfin je connus, ô beauté tout aimable,
Que cette passion peut n'être point coupable,
Que je puis l'ajuster avecque la pudeur ;
Et c'est ce qui m'y fait abandonner mon cœur.
Ce m'est, je le confesse, une audace bien grande,
Que d'oser de ce cœur vous adresser l'offrande,
Mais j'attends en mes vœux tout de votre bonté,
Et rien des vains efforts de mon infirmité.
En vous est mon espoir, mon bien, ma quiétude ;
De vous dépend ma peine ou ma béatitude ;
Et je vais être enfin, par votre seul arrêt,
Heureux, si vous voulez, malheureux, s'il vous plaît.

ELMIRE.

La déclaration est tout a fait galante ;
Mais elle est, à vrai dire, un peu bien surprenante,
Vous deviez, ce me semble, armer mieux votre sein,
Et raisonner un peu sur un pareil dessein.
Un dévot comme vous, et que partout on nomme...

TARTUFFE.

Ah ! pour être dévot, je n'en suis pas moins homme :
Et lorsqu'on vient à voir vos célestes appas,
Un cœur se laisse prendre, et ne raisonne pas.
Je sais qu'un tel discours de moi paraît étrange :
Mais, madame, après tout, je ne suis pas un ange ;
Et, si vous condamnez l'aveu que je vous fais,
Vous devez vous en prendre à vos charmants attraits.
Dès que j'en vis briller la splendeur plus qu'humaine,
De mon intérieur vous fûtes souveraine ;

De vos regards divins l'ineffable douceur
Força la résistance où s'obstinait mon cœur;
Elle surmonta tout, jeûnes, prières, larmes,
Et tourna tous mes vœux du côté de vos charmes.
Mes yeux et mes soupirs vous l'ont dit mille fois;
Et, pour mieux m'expliquer, j'emploie ici la voix,
Que si vous contemplez, d'une ame un peu bénigne,
Les tribulations de votre esclave indigne;
S'il faut que vos bontés veuillent me consoler,
Et jusqu'a mon néant daignent se ravaler;
J'aurai toujours pour vous, ô suave merveille,
Une dévotion à nulle autre pareille.
Votre honneur avec moi ne court point de hasard,
Et n'a nulle disgrace à craindre de ma part.
Tous ces galants de cour, dont les femmes sont folles,
Sont bruyants dans leurs faits et vains dans leurs paro-
De leurs progrès sans cesse on les voit se targuer; [les;
Ils n'ont point de faveurs qu'ils n'aillent divulguer;
Et leur langue indiscrète, en qui l'on se confie,
Déshonore l'autel où leur cœur sacrifie.
Mais les gens comme nous brûlent d'un feu discret,
Avec qui, pour toujours, on est sûr du secret.
Le soin que nous prenons de notre renommée
Répond de toute chose à la personne aimée;
Et c'est en nous qu'on trouve, acceptant notre cœur,
De l'amour sans scandale, et du plaisir sans peur.

ELMIRE.

Je vous écoute dire, et votre rhétorique
En termes assez forts à mon ame s'explique.
N'appréhendez-vous point que je ne sois d'humeur
A dire à mon mari cette galante ardeur,
Et que le prompt avis d'un amour de la sorte
Ne pût bien altérer l'amitié qu'il vous porte?

TARTUFFE.

Je sais que vous avez trop de bénignité,
Et que vous ferez grace à ma témérité;
Que vous m'excuserez, sur l'humaine faiblesse,
Des violents transports d'un amour qui vous blesse,
Et, considérerez, en regardant votre air,
Qu'el'on n'est pas aveugle, et qu'un homme est de chair

ELMIRE.
D'autres prendraient cela d'autre façon peut-être ;
Mais ma discrétion se veut faire paraître.
Je ne redirai point l'affaire à mon époux ;
Mais je veux, en revanche, une chose de vous :
C'est de presser tout franc, et sans nulle chicane,
L'union de Valère avecque Mariane,
De renoncer vous même à l'injuste pouvoir
Qui veut du bien d'un autre enrichir votre espoir ;
Et...

SCENE IV.

ELMIRE, DAMIS, TARTUFFE.

DAMIS, *sortant du cabinet où il s'était retiré.*
Non, madame, non ; ceci doit se répandre.
J'étais en cet endroit, d'où j'ai pu tout entendre ;
Et la bonté du ciel m'y semble avoir conduit
Pour confondre l'orgueil d'un traître qui me nuit,
Pour m'ouvrir une voie à prendre la vengeance
De son hypocrisie et de son insolence,
A détromper mon père, et lui mettre en plein jour
L'ame d'un scélérat qui vous parle d'amour.

ELMIRE.
Non, Damis ; il suffit qu'il se rende plus sage ;
Et tâche à mériter la grace où je m'engage.
Puisque je l'ai promis, ne m'en dédites pas.
Ce n'est point mon humeur de faire des éclats ;
Une femme se rit de sottises pareilles,
Et jamais d'un mari n'en trouble les oreilles.

DAMIS.
Vous avez vos raisons pour en user ainsi
Et pour faire autrement j'ai les miennes aussi
Le vouloir épargner est une raillerie ;
Et l'insolent orgueil de sa cagoterie
N'a triomphé que trop de mon juste courroux,
Et que trop excité de désordres chez nous.
Le fourbe trop longtemps a gouverné mon père,
Et desservi mes feux avec ceux de Valère.

Il faut que du perfide il soit désabusé ;
Et le ciel pour cela m'offre un moyen aisé.
De cette occasion je lui suis redevable,
Et, pour la négliger, elle est trop favorable :
Ce serait mériter qu'il me la vînt ravir
Que de l'avoir en main et ne m'en pas servir.

ELMIRE.

Damis...

DAMIS.

Non, s'il vous plaît, il faut que je me croie.
Mon ame est maintenant au comble de sa joie ;
Et vos discours en vain prétendent m'obliger
A quitter le plaisir de me pouvoir venger.
Sans aller plus avant, je vais vider l'affaire ;
Et voici justement de quoi me satisfaire.

SCENE V.

ORGON, ELMIRE, DAMIS, TARTUFFE.

DAMIS.

Nous allons régaler, mon père, votre abord
D'un incident tout frais qui vous surprendra fort.
Vous êtes bien payé de toutes vos caresses,
Et monsieur d'un beau prix reconnaît vos tendresses.
Son grand zèle pour vous vient de se déclarer :
Il ne va pas à moins qu'à vous deshonorer ;
Et je l'ai surpris là qui faisait à madame
L'injurieux aveu d'une coupable flamme.
Elle est d'une humeur douce, et son cœur trop discret
Voulait à toute force en garder le secret ;
Mais je ne puis flatter une telle imprudence,
Et crois que vous la taire est vous faire une offense.

ELMIRE.

Oui, je tiens que jamais de tous ces vains propos
On ne doit d'un mari traverser le repos ;
Que ce n'est point de là que l'honneur peut dépendre ;
Et qu'il suffit pour nous de savoir nous défendre.
Ce sont mes sentiments ; et vous n'auriez rien dit,
Damis, si j'avais eu sur vous quelque crédit.

SCENE VI.
ORGON, DAMIS, TARTUFFE.

ORGON.
Ce que je viens d'entendre, ô ciel! est-il croyable?
TARTUFFE.
Oui, mon frère, je suis un méchant, un coupable,
Un malheureux pécheur, tout plein d'iniquité,
Le plus grand scélérat qui jamais ait été.
Chaque instant de ma vie est chargé de souillures;
Elle n'est qu'un amas de crimes et d'ordures;
Et je vois que le ciel, pour ma punition,
Me veut mortifier en cette occasion.
De quelque grand forfait qu'on me puisse reprendre,
Je n'ai garde d'avoir l'orgueil de m'en défendre.
Croyez ce qu'on vous dit, armez votre courroux,
Et comme un criminel chassez-moi de chez vous;
Je ne saurais avoir tant de honte en partage,
Que je n'en aie encor mérité davantage.
ORGON, *à son fils*
Ah! traître, oses-tu bien, par cette fausseté,
Vouloir de sa vertu ternir la pureté?
DAMIS.
Quoi! la feinte douceur de cette ame hypocrite
Vous fera démentir...
ORGON.
       Tais-toi, peste maudite.
TARTUFFE.
Ah! laissez-le parler, vous l'accusez à tort,
Et vous ferez bien mieux de croire à son rapport.
Pourquoi sur un tel fait m'être si favorable?
Savez-vous, après tout, de quoi je suis capable?
Vous fiez-vous, mon frère, à mon extérieur?
Et, pour tout ce qu'on voit, me croyez-vous meilleur?
Non, non; vous vous laissez tromper à l'apparence,
Et je ne suis rien moins, hélas! que ce qu'on pense.
Tout le monde me prend pour un homme de bien;
Mais la vérité pure est que je ne vaux rien.
    (*s'adressant à Damis.*)
Oui, mon cher fils, parlez; traitez-moi de perfide,
D'infâme, de perdu, de voleur, d'homicide;

Accablez-moi de noms encor plus détestés :
Je n'y contredis point, je les ai mérités,
Et j'en veux à genoux souffrir l'ignominie,
Comme une honte due aux crimes de ma vie.

ORGON. (à son fils.)
(à Tartuffe.)

Mon frère, c'en est trop. Ton cœur ne se rend point,
Traître ?

DAMIS.

Quoi ! ses discours vous séduiront au poi[nt]

ORGON.
(relevant Tartuffe.)

Tais-toi, pendard. Mon frère, hé ! levez-vous de gr[âce.]
(à son fils.)
Infâme !

DAMIS.

Il peut...

ORGON.

Tais-toi.

DAMIS.

J'enrage. Quoi ! je pa[sse]

ORGON.

Si tu dis un seul mot, je te romprai les bras.

TARTUFFE.

Mon frère, au nom de Dieu, ne vous emportez pa[s.]
J'aimerais mieux souffrir la peine la plus dure,
Qu'il eût reçu pour moi la moindre égratignure.

ORGON, à son fils.

Ingrat !

TARTUFFE.

Laissez-le en paix. S'il faut, à deux gen[oux]
Vous demander sa grace...

ORGON, se jetant aussi à genoux, et embrassant Tart[uffe.]

Hélas ! vous moquez-v[ous]

(à son fils.)
Coquin, vois sa bonté !

DAMIS.

Donc...

ORGON.

Paix.

DAMIS.

Quoi ! je...

ORGON.
Paix, dis-je:
Je sais bien quel motif à l'attaquer t'oblige.
Vous le haïssez tous; et je vois aujourd'hui
Femme, enfants et valets, déchaînés contre lui.
On met impudemment toute chose en usage,
Pour ôter de chez moi ce dévot personnage :
Mais, plus on fait d'efforts afin de l'en bannir,
Plus j'en veux employer à l'y mieux retenir;
Et je vais me hâter de lui donner ma fille,
Pour confondre l'orgueil de toute ma famille.

DAMIS.
A recevoir sa main on pense l'obliger?

ORGON.
Oui, traître, et dès ce soir, pour vous faire enrager.
Ah! je vous brave tous, et vous ferai connaître
Qu'il faut qu'on m'obeisse, et que je suis le maître.
Allons, qu'on se rétracte, et qu'à l'instant, fripon,
On se jette à ses pieds pour demander pardon.

DAMIS.
Qui? moi! de ce coquin qui, par ses impostures...

ORGON.
Ah! tu résistes, gueux, et lui dis des injures!
(à *Tartuffe*.)
Un bâton! un bâton! Ne me retenez pas.
(à *son fils*.)
Sus, que de ma maison on sorte de ce pas,
Et que d'y revenir on n'ait jamais l'audace.

DAMIS.
Oui, je sortirai; mais...

ORGON.
Vite, quittons la place.
Je te prive, pendard, de ma succession,
Et te donne, de plus, ma malédiction.

SCENE VII.

ORGON, TARTUFFE.

ORGON.
Offenser de la sorte une sainte personne!

TARTUFFE.

O ciel, pardonne-lui, comme je lui pardonne.
    (*à Orgon.*)
Si vous pouviez savoir avec quel déplaisir,
Je vois qu'envers mon frère on tâche à me noircir...

ORGON.

Hélas!

TARTUFFE.

    Le seul penser de cette ingratitude
Fait souffrir à mon ame un supplice si rude...
L'horreur que j'en conçois.. J'ai le cœur si serré,
Que je ne puis parler, et crois que j'en mourrai.

ORGON, *courant tout en larmes à la porte par où il a chassé son fils.*

Coquin, je me repens que ma main t'ait fait grace,
Et ne t'ait pas d'abord assommé sur la place.
    (*à Tartuffe.*)
Remettez-vous, mon frère, et ne vous fâchez pas.

TARTUFFE.

Rompons, rompons le cours de ces facheux débats.
Je regarde céans quel grand trouble j'apporte,
Et crois qu'il est besoin, mon frère, que j'en sorte.

ORGON.

Comment! vous moquez-vous?

TARTUFFE.

                  On m'y hait, et je voi
Qu'on cherche à vous donner des soupçons de ma foi.

ORGON.

Qu'importe? Voyez-vous que mon cœur les écoute?

TARTUFFE.

On ne manquera pas de poursuivre, sans doute;
Et ces mêmes rapports qu'ici vous rejetez
Peut-être une autre fois seront-ils écoutés.

ORGON.

Non, mon frère, jamais.

TARTUFFE.

             Ah! mon frère, une femme
Aisément d'un mari peut bien surprendre l'ame.

ORGON.

Non, non.

ACTE III, SCENE VII.

TARTUFFE.
Laissez-moi vite, en m'éloignant d'ici,
Leur ôter tout sujet de m'attaquer ainsi.
ORGON
Non, vous demeurerez ; il y va de ma vie.
TARTUFFE
Hé bien ! il faudra donc que je me mortifie.
Pourtant, si vous vouliez...
ORGON.
Ah !
TARTUFFE.
Soit : n'en parlons plus.
Mais je sais comme il faut en user là-dessus.
L'honneur est délicat, et l'amitié m'engage
A prévenir les bruits et les sujets d'ombrage.
Je fuirai votre épouse, et vous ne me verrez...
ORGON.
Non, en dépit de tous vous la fréquenterez.
Faire enrager le monde est ma plus grande joie,
Et je veux qu'à toute heure avec elle on vous voie.
Ce n'est pas tout encor pour les mieux braver tous,
Je ne veux point avoir d'autre héritier que vous ;
Et je vais, de ce pas, en fort bonne manière,
Vous faire de mon bien donation entière.
Un bon et franc ami, que pour gendre je prends.
M'est bien plus cher que fils, que femme, et que parents
N'accepterez-vous pas ce que je vous propose ?
TARTUFFE.
La volonté du ciel soit faite en toute chose !
ORGON.
Le pauvre homme ! Allons vite en dresser un écrit :
Et que puisse l'envie en crever de dépit !

FIN DU TROISIÈME ACTE.

ACTE IV.

SCENE PREMIÈRE.
CLÉANTE, TARTUFFE.

CLÉANTE.

Oui, tout le monde en parle, et vous m'en pouvez croire,
L'éclat que fait ce bruit n'est point à votre gloire;
Et je vous ai trouvé, monsieur, fort à propos
Pour vous en dire net ma pensée en deux mots.
Je n'examine point à fond ce qu'on expose;
Je passe là-dessus, et prends au pis la chose.
Supposons que Damis n'en ait pas bien usé,
Et que ce soit à tort qu'on vous ait accusé;
N'est-il pas d'un chrétien de pardonner l'offense,
Et d'éteindre en son cœur tout désir de vengeance?
Et devez-vous souffrir, pour votre démêlé,
Que du logis d'un père un fils soit exilé?
Je vous le dis encore, et parle avec franchise,
Il n'est petit ni grand qui ne s'en scandalise;
Et, si vous m'en croyez, vous pacifierez tout,
Et ne pousserez point les affaires à bout.
Sacrifiez à Dieu toute votre colère,
Et remettez le fils en grace avec le père.

TARTUFFE.

Hélas! je le voudrais, quant à moi de bon cœur;
Je ne garde pour lui, monsieur, aucune aigreur;
Je lui pardonne tout; de rien je ne le blâme,
Et voudrais le servir du meilleur de mon ame:
Mais l'interêt du ciel n'y saurait consentir;
Et, s'il rentre céans, c'est à moi d'en sortir.
Après son action, qui n'eut jamais d'egale,
Le commerce entre nous porterait du scandale:
Dieu sait ce que d'abord tout le monde en croirait!
A pure politique on me l'imputerait:

ACTE IV, SCÈNE I.

Et l'on dirait partout que, me sentant coupable,
Je feins pour qui m'accuse un zèle charitable;
Que mon cœur l'appréhende, et veut le ménager
Pour le pouvoir, sous main, au silence engager.

CLÉANTE.

Vous nous payez ici d'excuses colorées;
Et toutes vos raisons, monsieur, sont trop tirées.
Des intérêts du ciel pourquoi vous chargez-vous?
Pour punir le coupable a-t-il besoin de nous?
Laissez-lui, laissez-lui le soin de ses vengeances:
Ne songez qu'au pardon qu'il prescrit des offenses;
Et ne regardez point aux jugements humains,
Quand vous suivez du ciel les ordres souverains.
Quoi! le faible intérêt de ce qu'on pourra croire
D'une bonne action empêchera la gloire!
Non, non; faisons toujours ce que le ciel prescrit,
Et d'aucun autre soin ne nous brouillons l'esprit.

TARTUFFE.

Je vous ai déjà dit que mon cœur lui pardonne;
Et c'est faire, monsieur, ce que le ciel ordonne:
Mais, après le scandale et l'affront d'aujourd'hui,
Le ciel n'ordonne pas que je vive avec lui.

CLÉANTE.

Et vous ordonne-t-il, monsieur, d'ouvrir l'oreille
A ce qu'un pur caprice à son père conseille,
Et d'accepter le don qui vous est fait d'un bien
Où le droit vous oblige à ne prétendre rien?

TARTUFFE.

Ceux qui me connaîtront n'auront pas la pensée
Que ce soit un effet d'une ame intéressée.
Tous les biens de ce monde ont pour moi peu d'appas
De leur éclat trompeur je ne m'éblouis pas:
Et si je me résous à recevoir du père
Cette donation qu'il a voulu me faire,
Ce n'est, à dire vrai, que parce que je crains
Que tout ce bien ne tombe en de méchantes mains;
Qu'il ne trouve des gens qui, l'ayant en partage,
En fassent dans le monde un criminel usage,
Et ne s'en servent pas ainsi que j'ai dessein,
Pour la gloire du ciel et le bien du prochain.

CLÉANTE.

Hé! monsieur, n'ayez point ces délicates craintes,
Qui d'un juste héritier peuvent causer les plaintes.
Souffrez, sans vous vouloir embarrasser de rien,
Qu'il soit, à ses périls, possesseur de son bien;
Et songez qu'il vaut mieux encor qu'il en mésuse,
Que si de l'en frustrer il faut qu'on vous accuse.
J'admire seulement que, sans confusion,
Vous en ayez souffert la proposition.
Car enfin le vrai zèle a-t-il quelque maxime.
Qui montre à dépouiller l'héritier légitime?
Et s'il faut que le ciel dans votre cœur ait mis
Un invincible obstacle à vivre avec Damis,
Ne vaudrait-il pas mieux qu'en personne discrète
Vous fissiez de céans une honnête retraite,
Que de souffrir ainsi, contre toute raison,
Qu'on en chasse pour vous le fils de la maison?
Croyez-moi, c'est donner de votre prud'homie,
Monsieur...

TARTUFFE.

Il est, monsieur, trois heures et demie :
Certain devoir pieux me demande la-haut,
Et vous m'excuserez de vous quitter si tôt.

CLÉANTE, *seul.*

Ah!

SCENE II.

ELMIRE, MARIANE, CLÉANTE, DORINE.

DORINE, *à Cléante.*

De grace, avec nous, employez-vous pour elle,
Monsieur: son ame souffre une douleur mortelle;
Et l'accord que son père a conclue pour ce soir
La fait à tous moments entrer en désespoir.
Il va venir. Joignons nos efforts, je vous prie;
Et tâchons d'ébranler, de force ou d'industrie,
Ce malheureux dessein qui nous a tous troublés.

SCENE III.
ORGON, ELMIRE, MARIANE, CLÉANTE, DORINE.

ORGON.
Ah! je me réjouis de vous voir assemblés.
   (à Mariane.)
Je porte en ce contrat de quoi vous faire rire,
Et vous savez déjà ce que cela veut dire.
   MARIANE, aux genoux d'Orgon.
Mon père, au nom du ciel qui connait ma douleur,
Et par tout ce qui peut émouvoir votre cœur,
Relachez-vous un peu des droits de la naissance,
Et dispensez mes vœux de cette obéissance.
Ne me réduisez point, par cette dure loi,
Jusqu'à me plaindre au ciel de ce que je vous doi;
Et cette vie, hélas! que vous m'avez donnée,
Ne me la rendez pas, mon père, infortunée.
Si, contre un doux espoir que j'avais pu former,
Vous me defendez d'être à ce que j'ose aimer:
Au moins, par vos bontés qu'a vos genoux j'implore,
Sauvez-moi du tourment d'être à ce que j'abhorre;
Et ne me portez point à quelque désespoir,
En vous servant sur moi de tout votre pouvoir.
   ORGON, se sentant attendrir.
Allons, ferme, mon cœur! point de faiblesse humaine!
   MARIANE.
Vos tendresses pour lui ne me font point de peine;
Faites-les éclater, donnez-lui votre bien,
Et, si ce n'est assez, joignez-y tout le mien;
J'y consens de bon cœur, et je vous l'abandonne:
Mais, au moins, n'allez pas jusques à ma personne;
Et souffrez qu'un couvent dans les austérités
Use les tristes jours que le ciel m'a comptés.
   ORGON.
Ah! voilà justement de mes religieuses,
Lorsqu'un père combat leurs flammes amoureuses!
Debout. Plus votre cœur répugne à l'accepter,
Plus ce sera pour vous matière à meriter.

Mortifiez vos sens avec ce mariage,
Et ne me rompez pas la tête davantage.
DORINE.
Mais quoi !...
ORGON.
   Taisez-vous, vous. Parlez à votre écot.
Je vous défends, tout net, d'oser dire un seul mot.
CLÉANTE.
Si par quelque conseil vous souffrez qu'on réponde.
ORGON.
Mon frère, vos conseils sont les meilleurs du monde;
Ils sont bien raisonnés, et j'en fais un grand cas :
Mais vous trouverez bon que je n'en use pas.
ELMIRE, *à Orgon*.
A voir ce que je vois, je ne sais plus que dire;
Et votre aveuglement fait que je vous admire.
C'est être bien coiffé, bien prévenu de lui,
Que de nous démentir sur le fait d'aujourd'hui !
ORGON.
Je suis votre valet, et crois les apparences.
Pour mon fripon de fils je sais vos complaisances;
Et vous avez eu peur de le désavouer
Du trait qu'à ce pauvre homme il a voulu jouer.
Vous étiez trop tranquille, enfin, pour être crue;
Et vous auriez paru d'autre maniere émue.
ELMIRE.
Est-ce qu'au simple aveu d'un amoureux transport
Il faut que notre honneur se gendarme si fort?
Et ne peut-on repondre à tout ce qui le touche,
Que le feu dans les yeux, et l'injure à la bouche?
Pour moi, de tels propos je me ris simplement;
Et l'eclat, là-dessus, ne me plaît nullement.
J'aime qu'avec douceur nous nous montrions sages;
Et ne suis point du tout pour ces prudes sauvages
Dont l'honneur est armé de griffes et de dents,
Et veut au moindre mot dévisager les gens.
Me préserve le ciel d'une telle sagesse!
Je veux une vertu qui ne soit point diablesse,
Et crois que d'un refus la discrète froideur
N'en est pas moins puissante à rebuter un cœur.

ACTE IV, SCENE III.

ORGON.

Enfin je sais l'affaire, et ne prends point le change.

ELMIRE.

J'admire, encore un coup, cette faiblesse étrange :
Mais que me répondrait votre incrédulité
Si je vous faisais voir qu'on vous dit vérité ?

ORGON.

Voir !

ELMIRE.

Oui.

ORGON.

Chansons.

ELMIRE.

Mais quoi ! si je trouvais manière
De vous le faire voir avec pleine lumière...?

ORGON.

Contes en l'air.

ELMIRE.

Quel homme ! Au moins, répondez-moi.
Je ne vous parle pas de nous ajouter foi ;
Mais supposons ici que, d'un lieu qu'on peut prendre,
On vous fît clairement tout voir et tout entendre,
Que diriez-vous alors de votre homme de bien ?

ORGON.

En ce cas, je dirais que... Je ne dirais rien,
Car cela ne se peut.

ELMIRE.

L'erreur trop longtemps dure,
Et c'est trop condamner ma bouche d'imposture.
Il faut que, par plaisir, et sans aller plus loin,
De tout ce qu'on vous dit je vous fasse témoin.

ORGON.

Soit. Je vous prends au mot. Nous verrons votre adresse,
Et comment vous pourrez remplir cette promesse.

ELMIRE, *à Dorine.*

Faites-le moi venir.

DORINE, *à Elmire.*

Son esprit est rusé,
Et peut-être à surprendre il sera malaisé.

ELMIRE.
Non; on est aisément dupé par ce qu'on aime,
Et l'amour propre engage à se tromper soi-même.
(à Cléante et à Mariane.)
Faites-le moi descendre. Et vous, retirez-vous.

SCENE IV.
ELMIRE, ORGON.

ELMIRE.
Approchons cette table, et vous mettez dessous.
ORGON.
Comment !
ELMIRE.
Vous bien cacher est un point nécessaire.
ORGON.
Pourquoi sous cette table ?
ELMIRE.
Ah ! mon Dieu ! laissez faire;
J'ai mon dessein en tête et vous en jugerez.
Mettez-vous là, vous dis-je; et quand vous y serez;
Gardez qu'on ne vous voie et qu'on ne vous entende.
ORGON.
Je confesse qu'ici ma complaisance est grande :
Mais de votre entreprise il vous faut voir sortir.
ELMIRE.
Vous n'aurez, que je crois, rien à me repartir.
(à Orgon, qui est sous la table.)
Au moins, je vais toucher une étrange matière,
Ne vous scandalisez en aucune manière.
Quoi que je puisse dire, il doit m'être permis;
Et c'est pour vous convaincre, ainsi que j'ai promis.
Je vais par des douceurs, puisque j'y suis réduite,
Faire poser le masque à cette âme hypocrite,
Flatter de son amour les désirs effrontés,
Et donner un champ libre à ses témérités.   [dre,
Comme c'est pour vous seul, et pour mieux le confon-
Que mon ame à ses vœux va feindre de répondre,
J'aurai lieu de cesser dès que vous vous rendrez,
Et les choses n'iront que jusqu'où vous voudrez.

C'est à vous d'arrêter son ardeur insensée,
Quand vous croirez l'affaire assez avant poussée,
D'épargner votre femme, et de ne m'exposer
Qu'à ce qu'il vous faudra pour vous désabuser.
Ce sont vos intérêts, vous en serez le maître,
Et... L'on vient. Tenez-vous, et gardez de paraître.

SCENE V.

TARTUFFE, ELMIRE; ORGON, *sous la table.*

TARTUFFE.

On m'a dit qu'en ce lieu vous me vouliez parler.

ELMIRE.

Oui. L'on a des secrets à vous y révéler.
Mais tirez cette porte avant qu'on vous les dise,
Et regardez partout, de crainte de surprise.
   (*Tartuffe va fermer la porte, et revient.*)
Une affaire pareille à celle de tantôt
N'est pas assurément ici ce qu'il nous faut :
Jamais il ne s'est vu de surprise de même.
Damis m'a fait pour vous une frayeur extrême;
Et vous avez bien vu que j'ai fait mes efforts
Pour rompre son dessein et calmer ses transports.
Mon trouble, il est bien vrai, m'a si fort possédée,
Que de le démentir je n'ai point eu l'idée;
Mais par-là, grace au ciel, tout a bien mieux été,
Et les choses en sont en plus de sûreté.
L'estime où l'on vous tient a dissipé l'orage,
Et mon mari de vous ne peut prendre d'ombrage.
Pour mieux braver l'éclat des mauvais jugements,
Il veut que nous soyons ensemble à tous moments;
Et c'est par où je puis, sans peur d'être blâmée,
Me trouver ici seule avec vous enfermée,
Et ce qui m'autorise à vous ouvrir un cœur
Un peu trop prompt peut-être à souffrir votre ardeur.

TARTUFFE.

Ce langage à comprendre est assez difficile,
Madame; et vous parliez tantôt d'un autre style.

ELMIRE.

Ah! si d'un tel refus vous êtes en courroux,
Que le cœur d'une femme est mal connu de vous!

Et que vous savez peu ce qu'il veut faire entendre,
Lorsque si faiblement on le voit se défendre !
Toujours notre pudeur combat, dans ces moments,
Ce qu'on peut nous donner de tendres sentiments.
Quelque raison qu'on trouve à l'amour qui vous dompte,
On trouve à l'avouer toujours un peu de honte.
On s'en défend d'abord : mais de l'air qu'on s'y prend
On fait connaître assez que notre cœur se rend ;
Qu'à nos yeux, par honneur, notre bouche s'oppose,
Et que de tels refus promettent toute chose.
C'est vous faire, sans doute, un assez libre aveu,
Et sur notre pudeur me ménager bien peu.
Mais, puisque la parole enfin en est lâchée,
A retenir Damis me serais-je attachée,
Aurais-je, je vous prie, avec tant de douceur
Ecouté tout au long l'offre de votre cœur,
Aurais-je pris la chose ainsi qu'on m'a vu faire,
Si l'offre de ce cœur n'eût eu de quoi me plaire ?
Et lorsque j'ai voulu moi-même vous forcer
A refuser l'hymen qu'on venait d'annoncer,
Qu'est-ce que cette instance a du vous faire entendre,
Que l'intérêt qu'en vous on s'avise de prendre,
Et l'ennui qu'on aurait que ce nœud qu'on résout
Vînt partager du moins un cœur que l'on veut tout ?

TARTUFFE.

C'est, sans doute, madame, une douceur extrême
Que d'entendre ces mots d'une bouche qu'on aime;
Leur miel dans tous mes sens fait couler à longs traits
Une suavité qu'on ne goûta jamais.
Le bonheur de vous plaire est ma suprême étude,
Et mon cœur de vos vœux fait sa béatitude ;
Mais ce cœur vous demande ici la liberté
D'oser douter un peu de sa félicité.
Je puis croire ces mots un artifice honnête
Pour m'obliger à rompre un hymen qui s'apprête ;
Et, s'il faut librement m'expliquer avec vous,
Je ne me fierai point à des propos si doux,
Qu'un peu de vos faveurs, après quoi je soupire,
Ne vienne m'assurer tout ce qu'ils m'ont pu dire,

Et planter dans mon ame une constante foi
Des charmantes bontés que vous avez pour moi.
    ELMIRE, *après avoir toussé pour avertir son mari.*
Quoi! vous voulez aller avec cette vitesse,
Et d'un cœur tout d'abord épuiser la tendresse?
On se tue à vous faire un aveu des plus doux;
Cependant ce n'est pas encore assez pour vous?
Et l'on ne peut aller jusqu'à vous satisfaire,
Qu'aux dernières faveurs on ne pousse l'affaire?
    TARTUFFE.
Moins on mérite un bien, moins on l'ose espérer.
Nos vœux sur des discours ont peine à s'assurer.
On soupçonne aisément un sort tout plein de gloire,
Et l'on veut en jouir avant que de le croire.
Pour moi, qui crois si peu mériter vos bontés,
Je doute du bonheur de mes témérités;
Et je ne croirai rien, que vous n'ayez, madame,
Par des réalités, su convaincre ma flamme.
    ELMIRE.
Mon Dieu! que votre amour en vrai tyran agit!
Et qu'en un trouble étrange il me jette l'esprit!
Que sur les cœurs il prend un furieux empire!
Et qu'avec violence il veut ce qu'il désire!
Quoi! de votre poursuite on ne peut se parer,
Et vous ne donnez pas le temps de respirer?
Sied-il bien de tenir une rigueur si grande,
De vouloir sans quartier les choses qu'on demande,
Et d'abuser ainsi par vos efforts pressants,
Du faible que pour vous vous voyez qu'ont les gens?
    TARTUFFE.
Mais si d'un œil benin vous voyez mes hommages,
Pourquoi m'en refuser d'assurés témoignages?
    ELMIRE.
Mais comment consentir à ce que vous voulez,
Sans offenser le ciel dont toujours vous parlez?
    TARTUFFE.
Si ce n'est que le ciel qu'à mes yeux on oppose,
Lever un tel obstacle est à moi peu de chose;
Et cela ne doit point retenir votre cœur.

ELMIRE.
Mais des arrêts du ciel on nous fait tant de peur !
TARTUFFE.
Je puis vous dissiper ces craintes ridicules,
Madame; et je sais l'art de lever les scrupules.
Le ciel défend, de vrai, certains contentements;
Mais on trouve avec lui des accommodements.
Selon divers besoins, il est une science
D'étendre les liens de notre conscience,
Et de rectifier le mal de l'action
Avec la pureté de notre intention.
De ces secrets, madame, on saura vous instruire:
Vous n'avez seulement qu'à vous laisser conduire.
Contentez mon désir, et n'ayez point d'effroi;
Je vous réponds de tout, et prends le mal sur moi.

(*Elmire tousse plus fort.*)

Vous toussez fort, madame.

ELMIRE.
Oui, je suis au supplice.

TARTUFFE.
Vous plaît-il un morceau de ce jus de réglisse?

ELMIRE.
C'est un rhume obstiné, sans doute; et je vois bien
Que tous les jus du monde ici ne feront rien.

TARTUFFE.
Cela, certe, est fâcheux.

ELMIRE.
Oui, plus qu'on ne peut dire.

TARTUFFE.
Enfin, votre scrupule est facile à détruire.
Vous êtes assurée ici d'un plein secret,
Et le mal n'est jamais que dans l'éclat qu'on fait.
Le scandale du monde est ce qui fait l'offense,
Et ce n'est pas pécher que pécher en silence.

ELMIRE, *après avoir encore toussé et frappé sur la table.*
Enfin je vois qu'il faut se résoudre à céder;
Qu'il faut que je consente à vous tout accorder;
Et qu'à moins de cela je ne dois point prétendre
Qu'on puisse être contente, et qu'on veuille se rendre.

Sans doute il est fâcheux d'en venir jusque là,
Et c'est bien malgré moi que je franchis cela;
Mais, puisque l'on s'obstine à m'y vouloir réduire,
Puisqu'on ne veut point croire à tout ce qu'on peut dire,
Et qu'on veut des témoins qui soient plus convaincants,
Il faut bien s'y résoudre, et contenter les gens.
Si ce contentement porte en soi quelque offense,
Tant pis pour qui me force à cette violence;
La faute assurément n'en doit point être à moi.

TARTUFFE.
Oui, madame, on s'en charge; et la chose de soi....

ELMIRE.
Ouvrez un peu la porte, et voyez, je vous prie,
Si mon mari n'est point dans cette galerie.

TARTUFFE.
Qu'est-il besoin pour lui du soin que vous prenez?
C'est un homme, entre nous, à mener par le nez.
De tous nos entretiens il est pour faire gloire,
Et je l'ai mis au point de voir tout sans rien croire.

ELMIRE.
Il n'importe. Sortez, je vous prie, un moment;
Et partout là-dehors voyez exactement.

SCENE VI.
ORGON, ELMIRE.

ORGON, *sortant de dessous la table.*
Voilà, je vous l'avoue, un abominable homme!
Je n'en puis revenir, et tout ceci m'assomme.

ELMIRE.
Quoi! vous sortez si tôt! Vous vous moquez des gens.
Rentrez sous le tapis, il n'est pas encor temps;
Attendez jusqu'au bout pour voir les choses sûres,
Et ne vous fiez point aux simples conjectures.

ORGON.
Non, rien de plus de méchant n'est sorti de l'enfer.

ELMIRE.
Mon Dieu! l'on ne doit point croire trop de léger.
Laissez-vous bien convaincre avant que de vous rendre;
Et ne vous hâtez pas, de peur de vous méprendre.

(*Elmire fait mettre Orgon derrière elle.*)

SCÈNE VII.

TARTUFFE, ELMIRE, ORGON.

TARTUFFE, *sans voir Orgon.*
Tout conspire, madame, à mon contentement.
J'ai visité de l'œil tout cet appartement:
Personne ne s'y trouve; et mon âme ravie...
(*Dans le temps que Tartuffe s'avance, les bras ouverts, pour embrasser Elmire, elle se retire, et Tartuffe aperçoit Orgon.*)

ORGON, *arrêtant Tartuffe.*
Tout doux! vous suivez trop votre amoureuse envie,
Et vous ne devez pas vous tant passionner.
Ah! ah! l'homme de bien, vous m'en vouliez donner!
Comme aux tentations s'abandonne votre âme!
Vous épousiez ma fille et convoitiez ma femme!
J'ai douté fort longtemps que ce fût tout de bon,
Et je croyais toujours qu'on changerait de ton;
Mais c'est assez avant pousser le témoignage;
Je m'y tiens, et n'en veux, pour moi, pas davantage.

ELMIRE, *à Tartuffe.*
C'est contre mon honneur que j'ai fait tout ceci;
Mais on m'a mise au point de vous traiter ainsi.

TARTUFFE, *à Orgon.*
Quoi! vous croyez...?

ORGON.
Allons, point de bruit, je vous prie.
Dénichons de céans, et sans cérémonie.

TARTUFFE.
Mon dessein...

ORGON.
Ces discours ne sont plus de saison.
Il faut tout sur le champ sortir de la maison.

TARTUFFE.
C'est à vous d'en sortir, vous qui parlez en maître:
La maison m'appartient, je le ferai connaître,
Et vous montrerai bien qu'en vain on a recours,
Pour me chercher querelle, à ces lâches détours;

Qu'on n'est pas où l'on pense en me faisant injure ;
Que j'ai de quoi confondre et punir l'imposture,
Venger le ciel qu'on blesse, et faire repentir
Ceux qui parlent ici de me faire sortir.

SCENE VIII.

ELMIRE, ORGON.

ELMIRE.
Quel est donc ce langage? et qu'est-ce qu'il veut dire?
ORGON.
Ma foi, je suis confus, et n'ai pas lieu de rire.
ELMIRE.
Comment?
ORGON.
Je vois ma faute, aux choses qu'il me dit ;
Et la donation m'embarrasse l'esprit.
ELMIRE.
La donation!
ORGON.
Oui. C'est une affaire faite.
Mais j'ai quelque autre chose encor qui m'inquiète.
ELMIRE.
Et quoi?
ORGON.
Vous saurez tout. Mais voyons au plus tôt
Si certaine cassette est encore là-haut.

FIN DU QUATRIÈME ACTE.

ACTE V.

SCENE PREMIERE.
ORGON, CLÉANTE.

CLÉANTE.
Où voulez-vous courir?
ORGON.
Las! que sais-je?
CLÉANTE.
Il me semble
Que l'on doit commencer par consulter ensemble
Les choses qu'on peut faire en cet évènement.
ORGON.
Cette cassette-là me trouble entièrement.
Plus que le reste encore, elle me désespère.
CLÉANTE.
Cette cassette est donc un important mystère?
ORGON.
C'est un dépôt qu'Argas, cet ami que je plains,
Lui-même, en grand secret, m'a mis entre les mains.
Pour cela, dans sa fuite, il me voulut élire;
Et ce sont des papiers, à ce qu'il m'a pu dire,
Où sa vie et ses biens se trouvent attachés.
CLÉANTE.
Pourquoi donc les avoir en d'autres mains lâchés?
ORGON.
Ce fut par un motif de cas de conscience,
J'allai droit à mon traître en faire confidence:
Et son raisonnement me vint persuader
De lui donner plutôt la cassette à garder,
Afin que pour nier, en cas de quelque enquête,
J'eusse d'un faux-fuyant la faveur toute prête,
Par où ma conscience eût pleine sûreté
A faire des serments contre la vérité.

CLÉANTE.

Vous voilà mal, au moins si j'en crois l'apparence ;
Et la donation, et cette confidence,
Sont, à vous en parler selon mon sentiment,
Des démarches par vous faites légèrement.
On peut vous mener loin avec de pareils gages :
Et cet homme sur vous ayant ses avantages,
Le pousser est encor grande imprudence à vous ;
Et vous deviez chercher quelque biais plus doux.

ORGON.

Quoi ! sur un beau semblant de ferveur si touchante
Cacher un cœur si double, une ame si méchante?
Et moi, qui l'ai reçu gueusant et n'ayant rien...
C'en est fait, je renonce à tous les gens de bien ;
J'en aurai désormais une horreur effroyable,
Et m'en vais devenir, pour eux, pire qu'un diable.

CLÉANTE.

Hé bien! ne voilà pas de vos emportements!
Vous ne gardez en rien les doux tempéraments.
Dans la droite raison jamais n'entre la vôtre ;
Et toujours d'un excès vous vous jetez dans l'autre.
Vous voyez votre erreur, et vous avez connu
Que par un zèle feint vous étiez prévenu ;
Mais pour vous corriger, quelle raison demande
Que vous alliez passer dans une erreur plus grande,
Et qu'avecque le cœur d'un perfide vaurien,
Vous confondiez les cœurs de tous les gens de bien?
Quoi ! parce qu'un fripon vous dupe avec audace
Sous le pompeux éclat d'une austère grimace,
Vous voulez que partout on soit fait comme lui,
Et qu'aucun vrai dévot ne se trouve aujourd'hui?
Laissez aux libertins ces sottes conséquences :
Démêlez la vertu d'avec ses apparences :
Ne hasardez jamais votre estime trop tôt,
Et soyez pour cela dans le milieu qu'il faut.
Gardez-vous, s'il se peut, d'honorer l'imposture ;
Mais au vrai zèle aussi n'allez pas faire injure ;
Et s'il vous faut tomber dans une extrémité,
Péchez plutôt encor de cet autre côté.

SCÈNE II.
ORGON, CLÉANTE, DAMIS.

DAMIS.
Quoi ! mon père, est-il vrai qu'un coquin vous me
Qu'il n'est point de bienfait qu'en son ame il n'efface;
Et que son lâche orgueil, trop digne de courroux,
Se fait de vos bontés des armes contre vous?
ORGON.
Oui, mon fils ; et j'en sens des douleurs nonpareilles.
DAMIS.
Laissez-moi, je lui veux couper les deux oreilles.
Contre son insolence on ne doit point gauchir :
C'est à moi, tout d'un coup de vous en affranchir:
Et pour sortir d'affaire, il faut que je l'assomme.
CLÉANTE.
Voilà tout justement parler en vrai jeune homme.
Modérez, s'il vous plaît, ces transports éclatants.
Nous vivons sous un règne et sommes dans un temps,
Ou par la violence on fait mal ses affaires.

SCENE III.
MADAME PERNELLE, ORGON, ELMIRE, CLÉANTE, MARIANE, DAMIS, DORINE.

MADAME PERNELLE.
Qu'est-ce ? J'apprends ici de terribles mystères!
ORGON.
Ce sont des nouveautés dont mes yeux sont témoins,
Et vous voyez le prix dont sont payés mes soins.
Je recueille avec zèle un homme en sa misère,
Je le loge, et le tiens comme mon propre frère;
De bienfaits, chaque jour, il est par moi chargé ;
Je lui donne ma fille et tout le bien que j'ai :
Et, dans le même temps, le perfide, l'infame,
Tente le noir dessein de suborner ma femme ;
Et, non content encor de ses lâches essais,
Il m'ose menacer de mes propres bienfaits,

Et veut, à ma ruine, user des avantages
Dont le viennent d'armer mes bontés trop peu sages
Me chasser de mes biens où je l'ai transféré,
Et me réduire au point d'où je l'ai retiré.

DORINE.

Le pauvre homme !

MADAME PERNELLE.

Mon fils, je ne puis du tout croire
Qu'il ait voulu commettre une action si noire.

ORGON.

Comment !

MADAME PERNELLE.

Les gens de bien sont enviés toujours.

ORGON.

Que voulez-vous donc dire, avec votre discours,
Ma mère ?

MADAME PERNELLE.

Que chez vous on vit d'étrange sorte ;
Et qu'on ne sait que trop la haine qu'on lui porte.

ORGON.

Qu'a cette haine à faire avec ce qu'on vous dit ?

MADAME PERNELLE.

Je vous l'ai dit cent fois quand vous étiez petit :
La vertu dans le monde est toujours poursuivie ;
Les envieux mourront, mais non jamais l'envie.

ORGON.

Mais que fait ce discours aux choses d'aujourd'hui ?

MADAME PERNELLE.

On vous aura forgé cent sots contes de lui.

ORGON.

Je vous ai dit déjà que j'ai vu tout moi-même.

MADAME PERNELLE.

Des esprits médisants la malice est extrême.

ORGON.

Vous me feriez damner, ma mère. Je vous di
Que j'ai vu de mes yeux un crime si hardi.

MADAME PERNELLE.

Les langues ont toujours du venin à répandre ;
Et rien n'est ici-bas qui s'en puisse défendre.

ORGON.
C'est tenir un propos de sens bien dépourvu.
Je l'ai vu, dis-je, vu, de mes propres yeux vu.
Ce qu'on appelle vu. Faut-il vous le rebattre
Anx oreilles cent fois, et crier comme quatre?
MADAME PERNELLE.
Mon Dieu! le plus souvent l'apparence déçoit:
Il ne faut pas toujours juger sur ce qu'on voit.
ORGON.
J'enrage!
MADAME PERNELLE.
Aux faux soupçons la nature est sujette,
Et c'est souvent à mal que le bien s'interprète.
ORGON.
Je dois interpréter à charitable soin
Le désir d'embrasser ma femme!
MADAME PERNELLE.
Il est besoin,
Pour accuser les gens d'avoir de justes causes;
Et vous deviez attendre à vous voir sûr des choses.
ORGON.
Hé! diantre! le moyen de m'en assurer mieux?
Je devais donc, ma mère, attendre qu'à mes yeux
Il eût... Vous me feriez dire quelque sottise.
MADAME PERNELLE.
Enfin d'un trop pur zèle on voit son ame éprise;
Et je ne puis du tout me mettre dans l'esprit
Qu'il ait voulu tenter les choses que l'on dit.
ORGON.
Allez, je ne sais pas, si vous n'étiez ma mère,
Ce que je vous dirais, tant je suis en colère.
DORINE, *à Orgon*.
Juste retour, monsieur, des choses d'ici bas :
Vous ne vouliez point croire, et l'on ne vous croit [pas.
CLÉANTE.
Nous perdons des moments en bagatelles pures,
Qu'il faudrait employer à prendre des mesures.
Aux menaces du fourbe on doit ne dormir point.
DAMIS.
Quoi! son effronterie irait jusque à ce point?

ACTE V, SCENE IV.

ELMIRE.
Pour moi, je ne crois pas cette instance possible,
Et son ingratitude est ici trop visible.
CLÉANTE, à *Orgon*.
Ne vous y fiez pas; il aura des ressorts
Pour donner contre vous raison à ses efforts;
Et sur moins que cela le poids d'une cabale
Embarrasse les gens dans un fâcheux dédale.
Je vous le dis encore : armé de ce qu'il a,
Vous ne deviez jamais le pousser jusque-là.
ORGON.
Il est vrai : mais qu'y faire? A l'orgueil de ce traître,
De mes ressentiments je n'ai pas été maître.
CLÉANTE.
Je voudrais de bon cœur qu'on pût entre vous deux
De quelque ombre de paix raccommoder les nœuds.
ELMIRE.
Si j'avais su qu'en main il a de telles armes,
Je n'aurais pas donné matière à tant d'alarmes;
Et mes...
ORGON, à *Dorine, voyant entrer M. Loyal*.
Que veut cet homme? Allez tôt le savoir.
Je suis bien en état que l'on me vienne voir!

SCÈNE IV.

ORGON, MADAME PERNELLE, ELMIRE,
MARIANE, CLEANTE, DAMIS, DORINE,
M. LOYAL.

M. LOYAL, à *Dorine dans le fond du théâtre*.
Bon jour, ma chère sœur; faites, je vous supplie,
Que je parle à monsieur.
DORINE.
Il est en compagnie;
Et je doute qu'il puisse à présent voir quelqu'un.
M. LOYAL.
Je ne suis pas pour être en ces lieux importun.
Mon abord n'aura rien, je crois, qui lui déplaise;
Et je viens pour un fait dont il sera bien aise.

DORINE.

Votre nom?

M. LOYAL.

Dites-lui seulement que je vien
De la part de monsieur Tartuffe, pour son bien.

DORINE, *à Orgon.*

C'est un homme qui vient, avec douce manière,
De la part de monsieur Tartuffe, pour affaire
Dont vous serez, dit-il, bien aise.

CLÉANTE, *à Orgon.*

Il vous faut voir
Ce que c'est que cet homme, et ce qu'il peut vouloir.

ORGON, *à Cléante.*

Pour nous raccommoder il vient ici peut-être :
Quels sentiments aurais-je à lui faire paraître?

CLÉANTE.

Votre ressentiment ne doit point éclater;
Et s'il parle d'accord, il le faut écouter.

M. LOYAL, *à Orgon.*

Salut, monsieur. Le ciel perde qui vous veut nuire,
Et vous soit favorable autant que je désire!

ORGON, *à Cléante.*

Ce doux début s'accorde avec mon jugement,
Et présage déjà quelque accommodement.

M. LOYAL.

Toute votre maison m'a toujours été chère,
Et j'étais serviteur de monsieur votre père.

ORGON.

Monsieur, j'ai grande honte et demande pardon
D'être sans vous connaître ou savoir votre nom.

M. LOYAL.

Je m'appelle Loyal, natif de Normandie,
Et suis huissier à verge, en dépit de l'envie.
J'ai, depuis quarante ans, grace au ciel, le bonheur
D'en exercer la charge avec beaucoup d'honneur;
Et je vous viens, monsieur, avec votre licence,
Signifier l'exploit de certaine ordonnance...

ORGON.

Quoi! vous êtes ici...

ACTE V, SCÈNE IV.

M. LOYAL.

Monsieur, sans passion.
Ce n'est rien seulement qu'une sommation,
Un ordre de vider d'ici vous et les vôtres,
Mettre vos meubles hors, et faire place à d'autres,
Sans délai ni remise, ainsi que besoin est.

ORGON.

Moi ! sortir de céans.

M. LOYAL.

Oui, monsieur, s'il vous plaît.
La maison à présent, comme savez de reste,
Au bon monsieur Tartuffe appartient sans conteste.
De vos biens désormais il est maître et seigneur
En vertu d'un contrat duquel je suis porteur.
Il est en bonne forme, et l'on n'y peut rien dire.

DAMIS, *à M. Loyal.*

Certes, cette impudence est grande, et je l'admire.

M. LOYAL, *a Damis.*

Monsieur, je ne dois point avoir affaire à vous ;
   (*montrant Orgon.*)
C'est à monsieur ; il est et raisonnable et doux,
Et d'un homme de bien il sait trop bien l'office
Pour se vouloir du tout opposer à justice.

ORGON.

Mais...

M. LOYAL.

Oui, monsieur, je sais que pour un million
Vous ne voudriez pas faire rébellion,
Et que vous souffrirez en honnête personne
Que j'exécute ici les ordres qu'on me donne.

DAMIS.

Vous pourriez bien ici sur votre noir jupon
Monsieur l'huissier à verge, attirer le bâton.

M. LOYAL, *à Orgon.*

Faites que votre fils se taise ou se retire,
Monsieur. J'aurais regret d'être obligé d'écrire,
Et de vous voir couché dans mon procès-verbal.

DORINE, *à part.*

Ce monsieur Loyal porte un air bien déloyal.

M. LOYAL.

Pour tous les gens de bien j'ai de grandes tendresses,
Et ne me suis voulu, monsieur, charger des pièces
Que pour vous obliger et vous faire plaisir;
Que pour ôter par-là le moyen d'en choisir
Qui, n'ayant pas pour vous le zèle qui me pousse,
Auraient pu procéder d'une façon moins douce.

ORGON.

Et que peut-on de pis que d'ordonner aux gens
De sortir de chez eux?

M. LOYAL.

On vous donne du temps;
Et jusques à demain je ferai surséance
A l'exécution, monsieur, de l'ordonnance.
Je viendrai seulement passer ici la nuit,
Avec dix de mes gens, sans scandale et sans bruit.
Pour la forme, il faudra, s'il vous plait qu'on m'apporte,
Avant que se coucher, les clefs de votre porte.
J'aurai soin de ne pas troubler votre repos,
Et de ne rien souffrir qui ne soit à propos.
Mais demain, du matin, il vous faut être habile
A vider de céans jusqu'au moindre ustensile;
Mes gens vous aideront, et je les ai pris forts,
Pour vous faire service à tout mettre dehors.
On n'en peut pas user mieux que je fais, je pense;
Et, comme je vous traite avec grande indulgence,
Je vous conjure aussi, monsieur, d'en user bien,
Et qu'au du de ma charge on ne me trouble en rien.

ORGON, *à part*.

Du meilleur de mon cœur je donnerais sur l'heure,
Les cent plus beaux louis de ce qui me demeure,
Et pouvoir, à plaisir, sur ce mufle asséner
Le plus grand coup de poing qui se puisse donner.

CLÉANTE, *bas, à Orgon*.

Laissez, ne gâtons rien.

DAMIS.

A cette audace étrange
J'ai peine à me tenir, et la main me démange.

ACTE V, SCÈNE V.

DORINE.

Avec un si bon dos, ma foi, monsieur Loyal,
Quelques coups de bâton ne vous siéraient pas mal.

M. LOYAL.

On pourrait bien punir ces paroles infames,
Ma mie; et l'on décrète aussi contre les femmes.

CLÉANTE, à *M. Loyal*.

Finissons tout cela, monsieur; c'en est assez.
Donnez tôt ce papier, de grace, et nous laissez.

M. LOYAL.

Jusqu'au revoir. Le ciel vous tienne tous en joie!

ORGON.

Puisse-t-il te confondre, et celui qui t'envoie!

SCÈNE V.

ORGON, MADAME PERNELLE, ELMIRE,
CLÉANTE, MARIANE, DAMIS, DORINE.

ORGON.

Hé bien! vous le voyez, ma mère, si j'ai droit,
Et vous pouvez juger du reste par l'exploit.
Ses trahisons enfin vous sont-elles connues?

MADAME PERNELLE.

Je suis tout ébaubie, et je tombe des nues.

DORINE, à *Orgon*.

Vous vous plaignez à tort; à tort vous le blâmez,
Et ses pieux desseins par-là sont confirmés.
Dans l'amour du prochain sa vertu se consomme:
Il sait que très souvent les biens corrompent l'homme
Et par charité pure, il veut vous enlever
Tout ce qui vous peut faire obstacle à vous sauver.

ORGON.

Taisez-vous. C'est le mot qu'il vous faut toujours dire.

CLÉANTE, à *Orgon*.

Allons voir quel conseil on doit vous faire élire.

ELMIRE.

Allez faire éclater l'audace de l'ingrat.
Ce procédé détruit la vertu du contrat;
Et sa loyauté va paraître trop noire
Pour souffrir qu'il en ait le succès qu'on veut croire.

SCENE VI.
VALÈRE, ORGON, MADAME PERNELLE, ELMIRE, CLÉANTE, MARIANE, DAMIS, DORINE.

VALÈRE.

Avec regret, monsieur, je viens vous affliger;
Mais je m'y vois contraint par le pressant danger.
Un ami, qui m'est joint d'une amitié fort tendre,
Et qui sait l'intérêt qu'en vous j'ai lieu de prendre,
A violé pour moi par un pas délicat
Le secret que l'on doit aux affaires d'état,
Et me vient d'envoyer un avis dont la suite
Vous réduit au parti d'une soudaine fuite.
Le fourbe qui longtemps a pu vous imposer
Depuis une heure au prince a sû vous accuser, [jette,
Et remettre en ses mains, dans les traits qu'il vous
D'un criminel d'état l'importante cassette,
Dont, au mépris, dit-il, du devoir d'un sujet,
Vous avez conservé le coupable secret.
J'ignore le détail du crime qu'on vous donne :
Mais un ordre est donné contre votre personne ;
Et lui-même est chargé, pour mieux l'exécuter,
D'accompagner celui qui vous doit arrêter.

CLÉANTE.

Voilà ses droits armés ; et c'est par où le traître
De vos biens qu'il prétend cherche à se rendre maître.

ORGON.

L'homme est, je vous l'avoue, un méchant animal!

VALÈRE.

Le moindre amusement vous peut être fatal.
J'ai, pour vous emmener, mon carrosse à la porte,
Avec mille louis qu'ici je vous apporte.
Ne perdons point de temps : le trait est foudroyant ;
Et ce sont de ces coups que l'on pare en fuyant.
A vous mettre en lieu sûr je m'offre pour conduite,
Et veux accompagner jusqu'au bout votre fuite.

ORGON.

Las ! que ne dois-je point à vos soins obligeants !
Pour vous en rendre grace, il faut un autre temps ;

Et je demande au ciel de m'être assez propice
Pour reconnaître un jour ce généreux service.
Adieu : prenez le soin, vous autres...

CLÉANTE.

Allez tôt ;
Nous songerons, mon frère, à faire ce qu'il faut.

SCENE VII.

TARTUFFE, UN EXEMPT, MADAME PERNELLE, ORGON, ELMIRE, CLÉANTE, MARIANE, VALÈRE, DAMIS, DORINE.

TARTUFFE, *arrêtant Orgon*.

Tout beau, monsieur, tout beau, ne courez point si vite :
Vous n'irez pas fort loin pour trouver votre gîte ;
Et de la part du prince on vous fait prisonnier.

ORGON.

Traître, tu me gardais ce trait pour le dernier :
C'est le coup, scélérat, par où tu m'expédies ;
Et voilà couronner toutes tes perfidies.

TARTUFFE.

Vos injures n'ont rien à me pouvoir aigrir ;
Et je suis, pour le ciel, appris à tout souffrir.

CLÉANTE.

La modération est grande, je l'avoue.

DAMIS.

Comme du ciel l'infame impudemment se joue !

TARTUFFE.

Tous vos emportements ne sauraient m'émouvoir ;
Et je ne songe à rien qu'à faire mon devoir.

MARIANE.

Vous avez de ceci grande gloire à prétendre ;
Et cet emploi pour vous est fort honnête à prendre.

TARTUFFE.

Un emploi ne saurait être que glorieux
Quand il part du pouvoir qui m'envoie en ces lieux.

ORGON.

Mais t'es-tu souvenu que ma main charitable,
Ingrat, t'a retiré d'un état misérable ?

TARTUFFE.
Oui, je sais quels secours j'en ai pu recevoir ;
Mais l'interêt du prince est mon premier devoir.
De ce devoir sacré la juste violence
Etouffe dans mon cœur toute reconnaissance ;
Et je sacrifierais à de si puissants nœuds
Ami, femme, parents et moi-même avec eux.

ELMIRE.
L'imposteur !

DORINE.
  Comme il sait, de traîtresse manière,
Se faire un beau manteau de tout ce qu'on révère !

CLÉANTE.
Mais s'il est si parfait que vous le déclarez,
Ce zèle qui vous pousse et dont vous vous parez,
D'où vient que pour paraître il s'avise d'attendre
Qu'à poursuivre sa femme il ait su vous surprendre,
Et que vous ne songez à l'aller dénoncer
Que lorsque son honneur l'oblige à vous chasser ?
Je ne vous parle point, pour devoir en distraire,
Du don de tout son bien qu'il venait de vous faire ;
Mais, le voulant traiter en coupable aujourd'hui,
Pourquoi consentiez-vous à rien prendre de lui ?

TARTUFFE, *à l'exempt.*
Délivrez-moi, monsieur, de la criaillerie ;
Et daignez accomplir votre ordre, je vous prie.

L'EXEMPT.
Oui, c'est trop demeurer, sans doute, à l'accomplir ;
Votre bouche à propos m'invite à le remplir :
Et, pour l'exécuter, suivez-moi tout à l'heure
Dans la prison qu'on doit vous donner pour demeure.

TARTUFFE.
Qui ? moi, monsieur ?

L'EXEMPT.
  Oui, vous.

TARTUFFE.
    Pourquoi donc la prison ?

L'EXEMPT.
Ce n'est pas vous à qui j'en veux rendre raison.

ACTE V, SCENE VII.

à Orgon.

Remettez-vous, monsieur, d'une alarme si chaude.
Nous vivons sous un prince ennemi de la fraude,
Un prince dont les yeux se font jour dans les cœurs,
Et que ne peut tromper tout l'art des imposteurs.
D'un fin discernement sa grande ame pourvue
Sur les choses toujours jette une droite vue ;
Chez elle jamais rien ne surprend trop d'accès,
Et sa ferme raison ne tombe en nul excès.
Il donne aux gens de bien une gloire immortelle ;
Mais sans aveuglement il fait briller ce zèle,
Et l'amour pour les vrais ne ferme point son cœur
A tout ce que les faux doivent donner d'horreur.
Celui-ci n'était pas pour le pouvoir surprendre,
Et de pièges plus fins on le voit se défendre.
D'abord il a percé, par ses vives clartés,
Des replis de son cœur toutes les lâchetés.
Venant vous accuser, il s'est trahi lui-même,
Et, par un juste trait de l'équité suprême,
S'est découvert au prince un fourbe renommé,
Dont sous un autre nom il était informé ;
Et c'est un long détail d'actions toutes noires
Dont on pourrait former des volumes d'histoires.
Ce monarque, en un mot, a vers vous détesté
Sa lâche ingratitude et sa déloyauté ;
A ses autres horreurs il a joint cette suite,
Et ne m'a jusqu'ici soumis à sa conduite
Que pour voir l'impudence aller jusques au bout,
Et vous faire par lui faire raison de tout.
Oui, de tous vos papiers, dont il se dit le maître,
Il veut qu'entre vos mains je dépouille le traître.
D'un souverain pouvoir, il brise les liens
Du contrat qui lui fait un don de tous vos biens,
Et vous pardonne enfin cette offense secrète
Où vous a d'un ami fait tomber la retraite ;
Et c'est le prix qu'il donne au zèle qu'autrefois
On vous vit témoigner en appuyant ses droits,
Pour montrer que son cœur sait, quand moins on y pense,
D'une bonne action verser la récompense ;

Que jamais le mérite avec lui ne perd rien;
Et que, mieux que du mal, il se souvient du bien.
DORINE.
Que le ciel soit loué!
MADAME PERNELLE.
Maintenant je respire.
ELMIRE.
Favorable succès.
MARIANE.
Qui l'aurait osé dire?
ORGON, à *Tartuffe que l'exempt emmène.*
Hé bien! te voilà, traitre!...

SCENE VIII.

MADAME PERNELLE, ORGON, ELMIRE, MARIANE, CLÉANTE, VALERE, DAMIS, DORINE.

CLÉANTE.

Ah! mon frère, arrêtez,
Et ne descendez point à des indignités.
A son mauvais destin laissez un misérable,
Et ne vous joignez point au remords qui l'accable;
Souhaitez bien plutôt que son cœur, en ce jour,
Au sein de la vertu fasse un heureux retour;
Qu'il corrige sa vie en détestant son vice,
Et puisse du grand prince adoucir la justice;
Tandis qu'à sa bonté vous irez, à genoux,
Rendre ce que demande un traitement si doux.
ORGON.
Oui, c'est bien dit. Allons à ses pieds avec joie,
Nous louer des bontés que son cœur nous déploie:
Puis, acquittés un peu de ce premier devoir,
Aux justes soins d'un autre il nous faudra pourvoir,
Et par un doux hymen couronner en Valère
La flamme d'un amant généreux et sincère.

FIN DU TARTUFFE.

AMPHITRYON,

COMÉDIE EN TROIS ACTES.

1668.

A S. A. S. MGR LE PRINCE.

Monseigneur.

N'en déplaise à vos beaux esprits, je ne vois rien de plus ennuyeux que les épîtres dédicatoires; et V. A. S. trouvera bon, s'il lui plaît, que je ne suive point ici le style de ces messieurs là, et refuse de me servir de deux ou trois misérables pensées qui ont été tournées et retournées tant de fois, qu'elles sont usées de tous les côtés. Le nom du grand CONDE est un nom trop glorieux pour le traiter comme on fait tous les autres noms. Il ne faut l'appliquer, ce nom illustre, qu'à des emplois qui soient dignes de lui; et, pour dire de belles choses, je voudrais parler de le mettre à la tête d'une armée plutôt qu'à la tête d'un livre; et je conçois bien mieux ce qu'il est capable de faire en l'opposant aux forces des ennemis de cet état, qu'en l'opposant à la critique des ennemis d'une comédie.

Ce n'est pas, Monseigneur, que la glorieuse approbation de V. A. S ne fût une puissante protection pour toutes ces sortes d'ouvrages, et qu'on ne soit persuadé des lumières de votre esprit autant que de l'intrépidité de votre cœur et de la grandeur de votre ame. On sait par toute la terre que l'éclat de votre mérite n'est point renfermé dans les bornes de cette valeur indomptable qui se fait des adorateurs de ceux mêmes qu'il surmonte; qu'il s'étend ce mérite, jusqu'aux connaissances les plus fines et les plus relevées; et que les décisions de votre jugement sur tous les ouvrages d'esprit ne manquent point d'être suivies par le sentiment des plus délicats. Mais sait aussi, Monseigneur, que toutes ces glorieuses approbations dont nous nous vantons au public ne nous coûtent rien à faire imprimer, et que ce sont des choses dont nous disposons comme nous voulons, à sait, dis-je, qu'une épître dédicatoire dit tout ce qu'il lui plaît, et qu'un auteur est en pouvoir d'aller saisir les personnes les plus augustes, et de parer de leurs grands noms les premiers feuillets de son livre; qu'il a la liberté de s'y donner, autant qu'il le veut, l'honneur de leur estime, et se faire des protecteurs qui n'ont jamais songé à l'être.

Je n'abuserai jamais, Monseigneur, ni de votre nom, ni de vos bontés, pour combattre les censeurs de l'Amphytrion, et m'attribuer une gloire que je n'ai peut-être pas méritée; et je ne prends la liberté de vous offrir ma comédie que pour avoir lieu de vous dire que je regarde incessamment avec une profonde vénération les grandes qualités que vous joignez au sang auguste dont vous tenez le jour, et que je suis, Monseigneur, avec tout le respect possible et tout le zèle imaginable,

DE VOTRE ALTESSE SÉRÉNISSIME,

le très humble, très obéissant
et très obligé serviteur,

MOLIÈRE.

PERSONNAGES DU PROLOGUE.

Mercure.
La Nuit.

PERSONNAGES DE LA COMÉDIE.

Jupiter, sous la figure d'Amphitryon.
Mercure, sous la figure de Sosie.
Amphitryon, général des Thébains.
Alcmène, femme d'Amphitryon.
Cléante, suivante d'Alcmène, et femme de Sosie.
Argatiphontidas,
Naucratès,
Polidas,
Pausiclès,
} capitaines thébains.

Sosie, valet d'Amphitryon.

La scène est à Thèbes, dans la maison d'Amphitryon.

PROLOGUE.

MERCURE, *sur un nuage;* LA NUIT, *dans un char traîné dans l'air par deux chevaux.*

MERCURE.

Tout beau, charmante Nuit, daignez vous arrêter.
Il est certain secours que de vous on désire ;
  Et j'ai deux mots à vous dire
  De la part de Jupiter.

LA NUIT.

  Ah ! ah ! c'est vous, seigneur Mercure !
Qui vous eût deviné là dans cette posture?

MERCURE.

Ma foi, me trouvant las, pour ne pouvoir fournir
Aux différents emplois où Jupiter m'engage,
Je me suis doucement assis sur ce nuage
  Pour vous attendre venir.

LA NUIT.

Vous vous moquez, Mercure, et vous n'y songez pas :
Sied-il bien à des dieux de dire qu'ils sont las ?

MERCURE.

Les dieux sont-ils de fer ?

LA NUIT.

   Non, mais il faut sans cesse
Garder le décorum de la divinité.
Il est de certains mots dont l'usage rabaisse
  Cette sublime qualité,
  Et que, pour leur indignité,
  Il est bon qu'aux hommes on laisse.

MERCURE.

  A votre aise vous en parlez ;
Et vous avez, la belle, une chaise roulante,
Où, par deux bons chevaux, en dame nonchalante,
Vous vous faites traîner partout où vous voulez.
  Mais de moi ce n'est pas de même :
Et je ne puis vouloir, dans mon destin fatal,

PROLOGUE.

  Aux poètes assez de mal
  De leur impertinence extrême,
  D'avoir, par une juste loi
  Dont on veut maintenir l'usage,
  A chaque dieu, dans son emploi,
  Donné quelque allure en partage,
  Et de me laisser à pied, moi,
  Comme un messager de village;
Moi qui suis, comme on sait, en terre et dans les cieux
Le fameux messager du souverain des dieux;
  Et qui sans rien exagerer,
  Par tous les emplois qu'il me donne,
  Aurais besoin plus que personne
  D'avoir de quoi me voiturer.

   LA NUIT.

  Que voulez-vous faire à cela?
  Les poètes font à leur guise.
  Ce n'est pas la seule sottise
  Qu'on voit faire à ces messieurs-là.
Mais contre eux toutefois votre ame à tort s'irrite,
Et vos ailes aux pieds sont un don de leurs soins.

   MERCURE.

  Oui; mais pour aller plus vite,
  Est-ce qu'on s'en lasse moins?

   LA NUIT.

  Laissons cela, seigneur Mercure,
  Et sachons ce dont il s'agit.

   MERCURE.

  C'est Jupiter, comme je vous l'ai dit,
Qui de votre manteau veut la faveur obscure
  Pour certaine douce aventure
  Qu'un nouvel amour lui fournit.
Ses pratiques, je crois, ne vous sont pas nouvelles:
Bien souvent pour la terre il néglige les cieux;
Et vous n'ignorez pas que ce maître des dieux
Aime à s'humaniser pour des beautés mortelles,
  Et sait cent tours ingénieux
  Pour mettre à bout les plus cruelles.
  Des yeux d'Alcmène il a senti les coups;
Et tandis qu'au milieu des béotiques plaines

PROLOGUE.

Amphitryon, son époux,
Commande aux troupes thébaines,
J'en a pris la forme, et reçoit là-dessous
Un soulagement à ses peines
Dans la possession des plaisirs les plus doux.
L'état des mariés à ses feux est propice :
L'hymen ne les a joints que depuis quelques jours ;
Et la jeune chaleur de leurs tendres amours
A fait que Jupiter à ce bel artifice
S'est avisé d'avoir recours.
Son stratagême ici se trouve salutaire :
Mais près de maint objet chéri
Pareil déguisement serait pour ne rien faire :
Et ce n'est pas partout un bon moyen de plaire,
Que la figure d'un mari.

LA NUIT.

J'admire Jupiter, et je ne comprends pas
Tous les déguisements qui lui viennent en tête.

MERCURE.

Il veut goûter par-là toutes sortes d'états ;
Et c'est agir en dieu qui n'est pas bête.
Dans quelque rang qu'il soit des mortels regardé,
Je le tiendrais fort misérable
S'il ne quittait jamais sa mine redoutable,
Et qu'au faîte des cieux il fût toujours guindé,
Il n'est point à mon gré de plus sotte méthode
Que d'être emprisonné toujours dans sa grandeur ;
Et surtout aux transports de l'amoureuse ardeur
La haute qualité devient fort incommode.
Jupiter, qui, sans doute, en plaisirs se connaît,
Sait descendre du haut de sa gloire suprême ;
Et pour entrer dans tout ce qu'il lui plaît
Il sort tout à fait de lui-même,
Et ce n'est plus alors Jupiter qui paraît.

LA NUIT.

Passe encor de le voir de ce sublime étage
Dans celui des hommes venir,
Prendre les transports que leur cœur peut fournir,
Et se faire à leur badinage,
Si, dans les changements où son humeur l'engage,

A la nature humaine il s'en voulait tenir.
    Mais de voir Jupiter taureau,
    Serpent, Cygne, ou quelque autre chose,
    Je ne trouve point cela beau,
Et ne m'étonne pas si parfois on en cause.
            MERCURE.
        Laissons dire tous les censeurs :
        Tels changements ont leurs douceurs
        Qui passent leur intelligence.
Ce dieu sait ce qu'il fait aussi bien là qu'ailleurs ;
Et dans tous les mouvements de leurs tendres ardeurs
Les bêtes ne sont pas si bêtes que l'on pense.
            LA NUIT.
Revenons à l'objet dont il a les faveurs.
Si par son stratagême il voit sa flamme heureuse,
Que peut-il souhaiter, et qu'est-ce que je puis?
            MERCURE.
Que vos chevaux par vous au petit pas réduits,
Pour satisfaire aux vœux de son ame amoureuse,
        D'une nuit si délicieuse
        Fassent la plus longue des nuits ;
    Qu'à ses transports vous donniez plus d'espace,
    Et retardiez la naissance du jour
        Qui doit avancer le retour
        De celui dont il tient la place.
            LA NUIT.
        Voilà sans doute un bel emploi
        Que le grand Jupiter m'apprête !
        Et l'on donne un nom fort honnête
        Au service qu'il veut de moi !
            MERCURE.
        Pour une jeune déesse,
        Vous êtes bien du bon temps !
        Un tel emploi n'est bassesse
        Que chez les petits gens.
Lorsque dans un haut rang on a l'heur de paraître,
    Tout ce qu'on fait est toujours bel et bon ;
        Et suivant ce qu'on peut être
        Les choses changent de nom.

LA NUIT.
Sur de pareilles matières
Vous en savez plus que moi;
Et pour accepter l'emploi
J'en veux croire vos lumières.
MERCURE.
Hé! là, là, madame la nuit,
Un peu doucement, je vous prie;
Vous avez dans le monde un bruit
De n'être pas si renchérie.
On vous fait confidente, en cent climats divers,
De beaucoup de bonnes affaires;
Et je crois, à parler à sentiments ouverts,
Que nous ne nous en devons guères.
LA NUIT.
Laissons ces contrariétés,
Et demeurons ce que nous sommes.
N'apprêtons point à rire aux hommes
En nous disant nos vérités.
MERCURE.
Adieu. Je vais là-bas, dans ma commission,
Dépouiller promptement la fortune de Mercure,
Pour y vêtir la figure
Du valet d'Amphitryon.
LA NUIT.
Moi; dans cet hémisphère, avec ma suite obscure,
Je vais faire une station.
MERCURE.
Bon jour, la Nuit.
LA NUIT.
Adieu, Mercure.
(*Mercure descend de son nuage, et la Nuit traverse le théâtre.*)

FIN DU PROLOGUE.

AMPHITRYON.

ACTE PREMIER.

SCÈNE PREMIÈRE.

SOSIE.

Qui va là? Hé! ma peur à chaque pas s'accroît!
Messieurs, ami de tout le monde.
Ah! quelle audace sans seconde
De marcher à l'heure qu'il est!
Que mon maître, couvert de gloire,
Me joue ici un mauvais tour!
Quoi! si pour son prochain il avait quelque amour,
M'aurait-il fait partir par une nuit si noire?
Et, pour me renvoyer annoncer son retour
Et le détail de sa victoire,
Ne pouvait-il pas bien attendre qu'il fût jour?
Sosie, à quelle servitude
Tes jours sont-ils assujettis!
Notre sort est beaucoup plus rude
Chez les grands que chez les petits.
Ils veulent que pour eux tout soit dans la nature,
Obligé de s'immoler.
Jour et nuit, grêle, vent, péril, chaleur, froidure,
Dès qu'ils parlent, il faut voler.
Vingt ans d'assidu service
N'en obtiennent rien pour nous:
Le moindre petit caprice
Nous attire leur courroux.
Cependant notre ame insensée
S'acharne au vain honneur de demeurer près d'eux,
Et s'y veut contenter de la fausse pensée
Qu'ont tous les autres gens que nous sommes heureux

Vers la retraite enfin la raison nous appelle,
En vain notre dépit quelquefois y consent;
    Leur vue a sur notre zèle
     Un ascendant trop puissant,
Et la moindre faveur d'un coup d'œil caressant
    Nous rengage de plus belle.
    Mais enfin, dans l'obscurité,
Je vois notre maison, et ma frayeur s'évade.
    Il me faudrait, pour l'ambassade,
    Quelque discours prémédité.
Je dois aux yeux d'Alcmène un portrait militaire
Du grand combat qui met nos ennemis à bas;
    Mais comment diantre le faire,
    Si je ne m'y trouvai pas?
N'importe, parlons-en et d'estoc et de taille,
    Comme oculaire témoin.
Combien de gens font-ils des récits de bataille
    Dont ils se sont tenus loin!
    Pour jouer mon rôle sans peine,
    Je le veux un peu repasser.
Voici la chambre où j'entre en courrier que l'on mène.
    Et cette lanterne est Alcmène,
    A qui je dois m'adresser.
        (*Sosie pose sa lanterne à terre.*)
Madame Amphitryon, mon maître et votre époux...
(Bon ! beau début !) l'esprit toujours plein de vos
    M'a voulu choisir entre tous   [charmes
Pour vous donner avis du succès de ses armes,
Et du désir qu'il a de se voir près de vous.
    « Ah ! vraiment, mon pauvre Sosie,
    « A te revoir j'ai de la joie au cœur. »
    Madame, ce m'est trop d'honneur,
    Et mon destin doit faire envie.
(Bien répondu !) « Comment se porte Amphitryon? »
    Madame, en homme de courage,
Dans les occasions où la gloire l'engage.
    (Fort bien ! belle conception)
« Quand viendra t-il, par son retour charmant,
    « Rendre mon ame satisfaite » ?
Le plus tôt qu'il pourra, madame, assurément;

ACTE I, SCENE I.

Mais bien plus tard que son cœur ne souhaite.
(Ah !) « Mais quel est l'état où la guerre l'a mis !
« Que dit-il ? que fait-il ? Contente un peu mon ame. »
    Il dit moins qu'il ne fait, madame,
    Et fait trembler les ennemis.
(Peste ! où prend mon esprit toutes ces gentillesses ?)
« Que font les révoltés ? dis-moi, quel est leur sort ? »
Ils n'ont pu résister, madame, à notre effort ;
    Nous les avons taillés en pièces,
    Mis Ptérélas leur chef à mort,
Pris Télèbe d'assaut ; et déjà dans le port
    Tout retentit de nos prouesses.
« Ah ! quel succès ! ô dieux ? Qui l'eût pu jamais croire ?
« Raconte-moi, Sosie, un tel évènement. »
Je le veux bien, madame ; et, sans m'enfler de gloire,
    Du détail de cette victoire
    Je puis parler très savamment.
    Figurez-vous donc que Télèbe,
      Madame, est de ce côté ;
        (*Sosie marque les lieux sur sa main.*)
    C'est une ville, en vérité,
    Aussi grande quasi que Thèbe.
      La rivière est comme là.
      Ici nos gens se campèrent ;
      Et l'espace que voilà,
      Nos ennemis l'occupèrent.
    Sur un haut, vers cet endroit,
      Etait leur infanterie ;
    Et plus bas, du côté droit,
      Etait leur cavalerie.
Après avoir aux dieux adressé les prières,
Tous les ordres donnés, on donne le signal :
Les ennemis, pensant nous tailler des croupières,
Firent trois pelotons de leurs gens à cheval ;
Mais leur chaleur par nous fut bientôt réprimée,
    Et vous allez voir comme quoi.
Voilà notre avant-garde à bien faire animée ;
    Là, les archers de Créon, notre roi ;
      Et voici le corps d'armée,
        (*On fait un peu de bruit.*)

Qui d'abord... Attendez, le corps d'armée a peur,
J'entends quelque bruit, ce me semble.

SCENE II.

MERCURE, SOSIE.

MERCURE, *sous la figure de Sosie, sortant de la maison d'Amphitryon.*

Sous ce minois qui lui ressemble,
Chassons de ces lieux ce causeur,
Dont l'abord importun troublerait la douceur
Que nos amants goûtent ensemble.

SOSIE, *sans voir Mercure.*

Mon cœur tant soit peu se rassure,
Et je pense que ce n'est rien.
Crainte pourtant de sinistre aventure,
Allons chez nous achever l'entretien.

MERCURE, *à part.*

Tu seras plus fort que Mercure,
Ou je t'en empêcherai bien.

SOSIE, *sans voir Mercure.*

Cette nuit en longueur me semble sans pareille.
Il faut, depuis le temps que je suis en chemin,
Ou que mon maître ait pris le soir pour le matin,
Ou que trop tard au lit le blond Phébus sommeille,
Pour avoir pris trop de vin.

MERCURE, *à part.*

Comme avec irrévérence
Parle des dieux ce maraud!
Mon bras saura bientôt
Châtier cette insolence;
Et je vais m'égayer avec lui comme il faut,
En lui volant son nom avec sa ressemblance.

SOSIE, *apercevant Mercure d'un peu loin.*

Ah! par ma foi, j'avais raison:
C'est fait de moi, chétive créature!
Je vois devant notre maison
Certain homme dont l'encolure
Ne me présage rien de bon.
Pour faire semblant d'assurance,

ACTE I, SCENE II.

Je veux chanter un peu d'ici.
(*Il chante.*)

MERCURE.

Qui donc est ce coquin qui prend tant de licence,
Que de chanter et m'étourdir ainsi?
(*A mesure que Mercure parle, la voix de Sosie
s'affaiblit peu à peu.*)
Veut-il qu'à l'étriller ma main un peu s'applique?

SOSIE, *à part*.

Cet homme assurément n'aime pas la musique.

MERCURE.

Depuis plus d'une semaine
Je n'ai trouvé personne à qui rompre les os :
La vigueur de mon bras se perd dans le repos ;
Et je cherche quelque dos
Pour me remettre en haleine.

SOSIE, *à part*.

Quel diable d'homme est-ce ci!
De mortelles frayeurs je sens mon ame atteinte.
Mais pourquoi trembler tant aussi?
Peut-être a-t-il dans l'ame autant que moi de crainte,
Et que le drôle parle ainsi
Pour me cacher sa peur sous une audace feinte.
Oui, oui, ne souffrons point qu'on nous croie un oison :
Si je ne suis hardi, tâchons de le paraître.
Faisons-nous du cœur par raison :
Il est seul, comme moi ; je suis fort, j'ai bon maître ;
Et voilà notre maison.

MERCURE.

Qui va là?

SOSIE.

Moi.

MERCURE.

Qui moi?

SOSIE.

(*à part.*)
Moi. Courage, Sosie?

MERCURE.

Quel est ton sort? dis-moi.

SOSIE.
D'être homme et de parler.

MERCURE.
Es-tu maître, ou valet?

SOSIE.
Comme il me prend envie.

MERCURE.
Où s'adressent tes pas?

SOSIE.
Où j'ai dessein d'aller.

MERCURE.
Ah! ceci me déplaît.

SOSIE.
J'en ai l'ame ravie.

MERCURE.
Résolument, par force ou par amour,
Je veux savoir de toi, traître,
Ce que tu fais, d'où tu viens avant jour,
Où tu vas, à qui tu peux être.

SOSIE.
Je fais le bien et le mal tour à tour;
Je viens de là, vais là; j'appartiens à mon maître.

MERCURE.
Tu montres de l'esprit, et je te vois en train
De trancher avec moi de l'homme d'importance.
Il me prend un désir, pour faire connaissance,
De te donner un soufflet de ma main.

SOSIE.
A moi-même?

MERCURE.
A toi-même, et t'en voilà certain.
(*Mercure donne un soufflet à Sosie.*)

SOSIE.
Ah! ah! c'est tout de bon.

MERCURE.
Non, ce n'est que pour rire,
Et répondre à tes quolibets.

SOSIE.
Tudieu! l'ami, sans vous rien dire,
Comme vous baillez des soufflets!

ACTE I, SCENE II.

MERCURE.
Ce sont là de mes moindres coups,
De petits soufflets ordinaires.
SOSIE.
Si j'étais aussi prompt que vous,
Nous ferions de belles affaires.
MERCURE.
Tout cela n'est encor rien.
Nous verrons bien autre chose;
Pour y faire quelque pause:
Poursuivons notre entretien.
SOSIE.
Je quitte la partie.

(*Sosie veut s'en aller.*)

MERCURE, *arrêtant Sosie.*
Où vas-tu?
SOSIE.
Que t'importe!
MERCURE.
Je veux savoir où tu vas.
SOSIE.
Me faire ouvrir cette porte.
Pourquoi retiens-tu mes pas?
MERCURE.
Si jusqu'à l'approcher tu pousses ton audace,
Je fais sur toi pleuvoir un orage de coups.
SOSIE.
Quoi! tu veux, par ta menace,
M'empêcher d'entrer chez nous?
MERCURE.
Comment! chez nous?
SOSIE.
Oui, chez nous.
MERCURE.
O le traître!
Tu te dis de cette maison?
SOSIE.
Fort bien. Amphytrion n'en est-il pas le maître?
MERCURE.
Hé bien! que fait cette raison?

SOSIE.

Je suis son valet.

MERCURE.

Toi?

SOSIE.

Moi.

MERCURE.

Son valet?

SOSIE.

Sans doute.

MERCURE.

Valet d'Amphitryon?

SOSIE.

D'Amphitryon, de lui.

MERCURE.

Ton nom est?...

SOSIE.

Sosie.

MERCURE.

Heu! comment?

SOSIE.

Sosie

MERCURE.

Écoute.
Sais-tu que de ma main je t'assomme aujourd'hui?

SOSIE.

Pourquoi? De quelle rage est ton ame saisie?

MERCURE.

Qui te donne, dis-moi, cette témérité
De prendre le nom de Sosie?

SOSIE.

Moi, je ne le prends point, je l'ai toujours porté.

MERCURE.

O le mensonge horrible, et l'impudence extrême!
Tu m'oses soutenir que Sosie est ton nom?

SOSIE.

Fort bien; je le soutiens, par la grande raison
Qu'ainsi l'a fait des dieux la puissance suprême;
Et qu'il n'est pas en moi de pouvoir dire non,
Et d'être un autre que moi-même.

ACTE I, SCENE III.

MERCURE.
Mille coups de bâton doivent être le prix
D'une pareille effronterie.
SOSIE., *battu par Mercure.*
Justice, citoyens! Au secours, je vous prie!
MERCURE.
Comment! bourreau, tu fais des cris!
SOSIE.
De mille coups tu me meurtris,
Et tu ne veux pas que je crie?
MERCURE.
C'est ainsi que mon bras...
SOSIE.
L'action ne vaut rien.
Tu triomphes de l'avantage
Que te donne sur moi mon manque de courage;
Et ce n'est pas en user bien.
C'est pure fanfaronnerie
De vouloir profiter de la poltronnerie
De ceux qu'attaque notre bras.
Battre un homme à jeu sûr n'est pas d'une belle ame;
Et le cœur est digne de blâme
Contre les gens qui n'en ont pas.
MERCURE.
Hé bien! es-tu Sosie à présent? qu'en dis-tu?
SOSIE.
Tes coups n'ont point en moi fait de métamorphose;
Et tout le changement que je trouve à la chose,
C'est d'être Sosie battu.
MERCURE, *menaçant Sosie.*
Encor! Cent autres coups pour cette autre impudence.
SOSIE.
De grace, fais trève à tes coups.
MERCURE.
Fais donc trève à ton insolence.
SOSIE.
Tout ce qu'il te plaira; je garde le silence.
La dispute est par trop inégale entre nous.
MERCURE.
Es-tu Sosie encor? dis, traître!

SOSIE.

Hélas! je suis ce que tu veux:
Dispose de mon sort tout au gré de tes vœux;
Ton bras t'en a fait le maître.

MERCURE.

Ton nom était Sosie, à ce que tu disais?

SOSIE.

Il est vrai, jusqu'ici j'ai cru la chose claire;
Mais ton bâton sur cette affaire
M'a fait voir que je m'abusais.

MERCURE.

C'est moi qui suis Sosie, et tout Thèbes l'avoue:
Amphitryon jamais n'en eut d'autre que moi.

SOSIE.

Toi, Sosie?

MERCURE.

Oui, Sosie? et si quelqu'un s'y joue,
Il peut bien prendre garde à soi.

SOSIE, *à part.*

Ciel! me faut-il ainsi renoncer à moi-même,
Et par un imposteur me voir voler mon nom?
Que son bonheur est extrême
De ce que je suis poltron!
Sans cela, par la mort...

MERCURE.

Entre tes dents, je pense;
Tu murmures je ne sais quoi.

SOSIE.

Non. Mais, au nom des dieux, donne-moi la licence
De parler un moment à toi.

MERCURE.

Parle.

SOSIE.

Mais promets-moi, de grace,
Que les coups n'en seront point.
Signons une trève.

MERCURE.

Passe:
Va, je t'accorde ce point.

SOSIE.
Qui te jette, dis-moi, dans cette fantaisie?
Que te reviendra-t-il de m'enlever mon nom?
Et peux-tu faire enfin, quand tu serais démon,
Que je ne sois pas moi, que je ne sois Sosie.
MERCURE, *levant le bâton, sur Sosie.*
Comment! tu peux...?
SOSIE.
Ah! tout doux:
Nous avons fait trève aux coups.
MERCURE.
Quoi! pendard, imposteur, coquin...
SOSIE.
Pour des injures,
Dis-m'en tant que tu voudras;
Ce sont légères blessures,
Et je ne m'en fâche pas.
MERCURE.
Tu te dis Sosie?
SOSIE.
Oui. Quelque conte frivole...
MERCURE.
Sus, je romps notre trève, et reprends ma parole.
SOSIE.
N'importe. Je ne puis m'anéantir pour toi,
Et souffrir un discours si loin de l'apparence.
Être ce que je suis est-il en ta puissance?
Et puis-je cesser d'être moi?
S'avisa-t-on jamais d'une chose pareille?
Et peut-on démentir cent indices pressants?
Rêvè-je? Est-ce que je sommeille?
Ai-je l'esprit troublé par des transports puissants?
Ne sens-je pas bien que je veille?
Ne suis-je pas dans mon bon sens?
Mon maître Amphitryon ne m'a-t-il pas commis
A venir en ces lieux vers Alcmène sa femme?
Ne lui dois-je pas faire, en lui vantant sa flamme,
Un récit de ses faits contre nos ennemis?
Ne suis-je pas du port arrivé tout-à-l'heure?
Ne tiens-je pas une lanterne en main!

Ne te trouve-je pas devant notre demeure?
Ne t'y parlè-je pas d'un esprit tout humain?
Ne te tiens-tu pas fort de ma poltronnerie?
　　　　Pour m'empêcher d'entrer chez nous,
N'as-tu pas sur mon dos exercé ta furie?
　　　　Ne m'as-tu pas roué de coups?
　　　Ah! tout cela n'est que trop véritable;
　　　　Et! plût au ciel, le fût-il moins!
Cesse donc d'insulter au sort d'un misérable;
Et laisse à mon devoir s'acquitter de ses soins.

　　　　　　MERCURE.
Arrête, ou sur ton dos le moindre pas attire
Un assommant éclat de mon juste courroux.
　　　　Tout ce que tu viens de dire
　　　　Est à moi, hormis les coups.

　　　　　　SOSIE.
Ce matin du vaisseau, plein de frayeur en l'ame,
Cette lanterne sait comme je suis parti.
Amphitryon, du camp, vers Alcmène sa femme
M'a-t-il pas envoyé?

　　　　　　MERCURE.
　　　　　Vous en avez menti.
C'est moi qu'Amphitryon députe vers Alcmène,
Et qui du port persique arrive de ce pas;
Moi, qui viens annoncer la valeur de son bras
Qui nous fait remporter une victoire pleine,
Et de nos ennemis a mis le chef à bas.
C'est moi qui suis Sosie enfin, de certitude.
　　　　Fils de Dave honnête berger;
Frère d'Arpage, mort en pays étranger,
　　　　Mari de Cléanthis la prude
　　　　Dont l'humeur me fait enrager,
Qui dans Thèbe ai reçu mille coups d'étrivière
　　　　Sans en avoir jamais dit rien,
Et jadis en public fus marqué par derrière,
　　　　Pour être trop homme de bien.

　　　　　SOSIE, *bas, à part.*
Il a raison. A moins d'être Sosie,
　　On ne peut pas savoir tout ce qu'il dit;
Et, dans l'étonnement dont mon ame est saisie,

ACTE I, SCÈNE II.

Je commence, à mon tour, à le croire un petit.
En effet, maintenant que je le considère,
Je vois qu'il a de moi taille, mine, action.
    Faisons-lui quelque question,
      Afin d'eclaircir ce mystère.
(*haut.*)
Parmi tout le butin fait sur nos ennemis,
Qu'est-ce qu'Amphitryon obtint pour son partage?

MERCURE.

Cinq fort gros diamants en nœuds proprement mis,
Dont leur chef se parait comme d'un rare ouvrage.

SOSIE.

A qui destine-t-il un si riche présent?

MERCURE.

A sa femme; et sur elle il le veut voir paraître.

SOSIE.

Mais où, pour l'apporter, est-il mis à présent?

MERCURE.

Dans un coffret scellé des armes de mon maître.

SOSIE, *à part.*

Il ne ment pas d'un mot à chaque répartie;
Et de moi je commence à douter tout de bon.
Près de moi, par la force, il est déjà Sosie;
Il pourrait bien encor l'être par la raison.
Pourtant, quand je me tâte, et que je me rappelle.
    Il me semble que je suis moi.
Où puis-je rencontrer quelque clarté fidèle
      Pour démêler ce que je vois?
Ce que j'ai fait tout seul, et que n'a vu personne,
A moins d'être moi-même, on ne le peut savoir.
Par cette question, il faut que je l'étonne;
C'est de quoi le confondre; et nous allons le voir.
(*haut.*)
Lorsqu'on était aux mains, que fis-tu dans nos tentes,
    Où tu courus seul te fourrer?

MERCURE.

D'un jambon...

SOSIE, *bas, à part.*
    L'y voilà!

MERCURE.

Que j'allai déterrer.
Je coupai bravement deux tranches succulentes,
Dont je sus fort bien me bourrer.
Et joignant à cela d'un vin que l'on ménage,
Et dont, avant le goût, les yeux se contentaient,
Je pris un peu de courage
Pour nos gens qui se battaient.

SOSIE, *bas, à part.*

Cette preuve sans pareille
En sa faveur conclut bien;
Et l'on n'y peut dire rien,
S'il n'était dans la bouteille.

(*haut.*)
Je ne saurais nier, aux preuves qu'on m'expose,
Que tu ne sois, Sosie, et j'y donne ma voix.
Mais si tu l'es, dis-moi qui tu veux que je sois;
Car encor faut-il bien que je sois quelque chose.

MERCURE.

Quand je ne serai plus Sosie,
Sois-le, j'en demeure d'accord;
Mais tant que je le suis, je te garantis mort,
Si tu prends cette fantaisie.

SOSIE.

Tout cet embarras met mon esprit sur les dents,
Et la raison à ce qu'on voit s'oppose.
Mais il faut terminer enfin par quelque chose:
Et le plus court pour moi, c'est d'entrer là-dedans.

MERCURE.

Ah! tu prends donc, pendard, goût à la bastonnade?

SOSIE, *battu par Mercure.*

A! qu'est-ce ci, grands dieux! il frappe un ton plus fort,
Et mon dos, pour un mois, en doit être malade.
Laissons ce diable d'homme, et retournons au port.
O juste ciel! j'ai fait une belle ambassade!

MERCURE, *seul.*

Enfin je l'ai fait fuir; et, sous ce traitement,
De beaucoup d'actions il a reçu la peine.
Mais je vois Jupiter, que fort civilement
Reconduit l'amoureuse Alcmène.

SCÈNE III.

JUPITER, *sous la figure d'Amphitryon*; ALCMÈNE, CLÉANTHIS, MERCURE.

JUPITER.

Défendez, chère Alcmène, aux flambeaux d'approcher.
Ils m'offrent des plaisirs en m'offrant votre vue ;
Mais ils pourraient ici découvrir ma venue,
    Q'il est à propos de cacher,
Mon amour, que gênaient tous ces soins éclatants,
  Où me tenait lié la gloire de nos armes,
  Aux devoirs de ma charge a volé les instants
    Qu'il vient de donner à vos charmes.
Ce vol qu'à vos beautés mon cœur a consacré
Pourrait être blâmé dans la bouche publique,
    Et j'en veux pour témoin unique
    Celle qui peut m'en savoir gré.

ALCMÈNE.

Je prends, Amphitryon, grande part à la gloire
Que répandent sur vous vos illustres exploits ;
    Et l'éclat de votre victoire
Sait toucher de mon cœur les sensibles endroits ;
  Mais, quand je vois que cet honneur fatal
    Éloigne de moi ce que j'aime,
Je ne puis m'empêcher, dans ma tendresse extrême,
    De lui vouloir un peu de mal,
Et d'opposer mes vœux à cet ordre suprême
  Qui des Thébains vous fait le général.
C'est une douce chose, après une victoire,
Que la gloire où l'on voit ce qu'on aime élevé ;
Mais, parmi les périls mêlés à cette gloire,
Un triste coup, hélas ! est bientôt arrivé
De combien de frayeurs a-t-on l'ame blessée
    Au moindre choc dont on entend parler !
Voit-on, dans les horreurs d'une telle pensée,
    Par où jamais se consoler
    Du coup dont elle est menacée ?
Et de quelque laurier qu'on couronne un vainqueur,
Quelque part que l'on ait à cet honneur suprême,

Vaut-il ce qu'il en coûte aux tendresses d'un cœur
Qui peut, à tout moment, trembler pour ce qu'il aime?
JUPITER.
Je ne vois rien en vous dont mon feu ne s'augmente;
Tout y marque à mes yeux un cœur bien enflammé;
Et c'est, je vous l'avoue, une chose charmante
De trouver tant d'amour dans un objet aimé.
Mais, si je l'ose dire, un scrupule me gêne
Aux tendres sentiments que vous me faites voir;
Et, pour les bien goûter, mon amour, chère Alcmène,
Voudrait n'y voir entrer rien de votre devoir ;
Qu'à votre seule ardeur, qu'à ma seule personne,
Je dusse les faveurs que je reçois de vous ;
Et que la qualité que j'ai de votre époux
    Ne fût point ce qui me les donne.
ALCMÈNE.
C'est de ce nom pourtant que l'ardeur qui me brûle
    Tient le droit de paraître au jour ;
Et je ne comprends rien à ce nouveau scrupule
    Dont s'embarrasse votre amour.
JUPITER.
Ah ! ce que j'ai pour vous d'ardeur et de tendresse
    Passe aussi celle d'un époux :
Et vous ne savez pas, dans des moments si doux,
    Quelle en est la délicatesse.
Vous ne concevez point qu'un cœur bien amoureux
Sur cent petits égards s'attache avec étude,
    Et se fait une inquiétude
    De la manière d'être heureux.
    En moi, belle et charmante Alcmène,
Vous voyez un mari, vous voyez un amant;
Mais l'amant seul me touche, à parler franchement,
Et je sens, près de vous, que le mari le gêne.
Cet amant, de vos vœux jaloux au dernier point,
Souhaite qu'à lui seul votre cœur s'abandonne;
    Et sa passion ne veut point
    De ce que le mari lui donne.
Il veut de pure source obtenir vos ardeurs,
Et ne veut rien tenir des nœuds de l'hyménée,
Rien d'un fâcheux devoir qui fait agir les cœurs,

Et par qui tous les jours des plus chères faveurs
    La douceur est empoisonnée.
Dans le scrupule, enfin, dont il est combattu,
Il veut, pour satisfaire à sa délicatesse,
Que vous le sépariez d'avec ce qui le blesse,
Que le mari ne soit que pour votre vertu,
Et que de votre cœur de bonté revêtu
L'amant ait tout l'amour et toute la tendresse.

          ALCMÈNE.

    Amphitryon, en vérité,
Vous vous moquez de tenir ce langage;
Et j'aurais peur qu'on ne vous crût pas sage
Si de quelqu'un vous étiez écouté.

          JUPITER.

    Ce discours est plus raisonnable,
    Alcmène, que vous ne pensez.
Mais un plus long séjour me rendrait trop coupable,
Et du retour au port les moments sont pressés.
Adieu. De mon devoir l'étrange barbarie
    Pour un temps m'arrache de vous.
Mais, belle Alcmène, au moins, quand vous verrez l'é-
    Songez à l'amant je vous prie.   [poux,

          ALCMÈNE.

Je ne sépare point ce qu'unissent les dieux;
Et l'époux et l'amant me sont fort précieux.

SCENE IV.

CLÉANTHIS, MERCURE.

          CLÉANTHIS, *à part.*

O ciel! que d'aimables caresses
D'un époux ardemment chéri!
Et que mon traître de mari
Est loin de toutes ces tendresses!

          MERCURE, *à part.*

La Nuit, qu'il me faut avertir,
    N'a plus qu'à plier tous ses voiles;
    Et, pour effacer les étoiles,
Le Soleil de son lit peut maintenant sortir.

CLÉANTHIS, *arrêtant Mercure.*
Quoi! c'est ainsi que l'on me quitte!
MERCURE.
Et comment donc? ne veux-tu pas
Que de mon devoir je m'acquitte,
Et que d'Amphitryon j'aille suivre les pas?
CLÉANTHIS.
Mais avec cette brusquerie,
Traître, de moi te séparer!
MERCURE.
Le beau sujet de fâcherie!
Nous avons tant de temps ensemble à demeurer!
CLÉANTHIS.
Mais quoi! partir ainsi d'une façon brutale,
Sans me dire un seul mot de douceur pour régale!
MERCURE.
Diantre! où veux-tu que mon esprit
T'aille chercher des fariboles?
Quinze ans de mariage épuisent les paroles;
Et depuis un longtemps nous nous sommes tout dit.
CLÉANTHIS.
Regarde, traître, Amphitryon;
Vois combien pour Alcmène il étale de flamme;
Et rougis, là-dessus, du peu de passion
Que tu témoignes pour ta femme.
MERCURE.
Hé! mon Dieu! Cléanthis, ils sont encore amants.
Il est certain âge où tout passe;
Et ce qui leur sied bien dans ces commencements,
En nous, vieux mariés, aurait mauvaise grace.
Il nous ferait beau voir, attachés face à face,
A pousser les beaux sentiments!
CLÉANTHIS.
Quoi! suis-je hors d'état, perfide d'espérer
Qu'un cœur auprès de moi soupire!
MERCURE.
Non, je n'ai garde de le dire;
Mais je suis trop barbon pour oser soupirer,
Et je ferais crever de rire.

ACTE I, SCÈNE IV.

CLÉANTHIS.
Mérites-tu, pendard, cet insigne bonheur
De te voir pour épouse une femme d'honneur?

MERCURE.
Mon Dieu! tu n'es que trop honnête;
Ce grand honneur ne me vaut rien.
Ne sois point si femme de bien,
Et me romps un peu moins la tête.

CLÉANTHIS.
Comment! de trop bien vivre on te voit me blâmer!

MERCURE.
La douceur d'une femme est tout ce qui me charme;
Et ta vertu fait un vacarme
Qui ne cesse de m'assommer.

CLÉANTHIS.
Il te faudrait des cœurs pleins de fausses tendresses,
De ces femmes aux beaux et louables talents,
Qui savent accabler leurs maris de caresses
Pour leur faire avaler l'usage des galants.

MERCURE.
Ma foi, veux-tu que je te dise?
Un mal d'opinion ne touche que les sots;
Et je prendrais pour ma devise:
Moins d'honneur et plus de repos.

CLÉANTHIS.
Comment! tu souffrirais, sans nulle répugnance,
Que j'aimasse un galant avec toute licence?

MERCURE.
Oui, si je n'étais plus de tes cris rebattu,
Et qu'on te vît changer d'humeur et de méthode.
J'aime mieux un vice commode
Qu'une fatigante vertu.
Adieu, Cléanthis, ma chère ame;
Il me faut suivre Amphitryon.

CLÉANTHIS.
Pourquoi, pour punir cet infame,
Mon cœur n'a-t-il assez de résolution?
Ah! que, dans cette occasion,
J'enrage d'être honnête femme!

FIN DU PREMIER ACTE.

ACTE SECOND.

SCÈNE PREMIERE.

AMPHITRYON.
Viens çà, bourreau, viens çà. Sais-tu, maître fripon,
Qu'à te faire assommer ton discours peut suffire,
Et que, pour te traiter comme je le désire,
   Mon courroux n'attend qu'un bâton?
SOSIE.
   Si vous le prenez sur ce ton,
   Monsieur, je n'ai plus rien à dire ;
   Et vous aurez toujours raison.
AMPHITRYON.
Quoi! tu veux me donner pour des vérités, traître,
Des contes que je vois d'extravagance outrés?
SOSIE.
Non : je suis le valet, et vous êtes le maître ;
Il n'en sera, monsieur, que ce que vous voudrez.
AMPHITRYON.
Çà, je veux étouffer le courroux qui m'enflamme,
Et, tout du long, t'ouïr sur ta commission.
   Il faut, avant que voir ma femme,
Que je débrouille ici cette confusion.
Rappelle tous ses sens, rentre bien dans ton ame,
Et réponds mot pour mot à chaque question.
SOSIE.
   Mais de peur d'incongruité,
   Dites-moi, de grace, à l'avance,
De quel air il vous plaît que ceci soit traité,
Parlerai-je, monsieur, selon ma conscience,
Ou comme auprès des grands on le voit usité?
   Faut-il dire la vérité,
   Ou bien user de complaisance?

ACTE II, SCENE I.

AMPHITRYON.
Non ; je ne te veux obliger
Qu'à me rendre de tout un compte fort sincère.

SOSIE.
Bon. C'est assez, laissez-moi faire ;
Vous n'avez qu'à m'interroger.

AMPHITRYON.
Sur l'ordre que tantôt je t'avais su prescrire...

SOSIE.
Je suis parti, les cieux d'un noir crêpe voilés,
Pestant fort contre vous dans ce fâcheux martyre,
Et maudissant vingt fois l'ordre dont vous parlez.

AMPHITRYON.
Comment, coquin !

SOSIE.
Monsieur, vous n'avez rien qu'à dire ;
Je mentirai, si vous voulez.

AMPHITRYON.
Voilà comme un valet montre pour nous de zèle !
Passons. Sur les chemins que t'est-il arrivé?

SOSIE.
D'avoir une frayeur mortelle
Au moindre objet que j'ai trouvé.

AMPHITRYON.
Poltron !

SOSIE.
En nous formant, nature a ses caprices ;
Divers penchants en nous elle fait observer :
Les uns à s'exposer trouvent mille délices ;
Moi, j'en trouve à me conserver.

AMPHITRYON.
Arrivant au logis...?

SOSIE.
J'ai, devant notre porte,
En moi-même voulu répéter un petit
Sur quel ton et de quelle sorte
Je ferais du combat le glorieux récit.

AMPHITRYON.
Ensuite?

SOSIE.
On m'est venu troubler et mettre en peine.
AMPHITRYON.
Et qui ?
SOSIE.
Sosie ; un moi, de vos ordres jaloux,
Que vous avez du port envoyé vers Alcmène,
Et qui de nos secrets a connaissance pleine,
Comme le moi qui parle à vous.
AMPHITRYON.
Quels contes !
SOSIE.
Non, monsieur, c'est la vérité pure :
Ce moi plus tôt que moi s'est au logis trouvé ;
Et j'étais venu, je vous jure,
Avant que je fusse arrivé.
AMPHITRYON.
D'où peut procéder, je te prie,
Ce galimatias maudit ?
Est-ce songe ? est-ce ivrognerie,
Aliénation d'esprit,
Ou méchante plaisanterie ?
SOSIE.
Non, c'est la chose comme elle est,
Et point du tout conte frivole.
Je suis homme d'honneur, j'en donne ma parole ;
Et vous m'en croirez s'il vous plaît :
Je vous dis que, croyant n'être qu'un seul Sosie,
Je me suis trouvé deux chez nous ;
Et que, de ces deux moi piqués de jalousie,
L'un est à la maison et l'autre est avec vous ;
Que le moi que voici, chargé de lassitude,
A trouvé l'autre moi frais, gaillard et dispos,
Et n'ayant d'autre inquiétude
Que de battre et de casser des os.
AMPHITRYON.
Il faut être, je le confesse,
D'un esprit bien posé, bien tranquille, bien doux,
Pour souffrir qu'un valet de chansons me repaisse !

SOSIE.
Si vous vous mettez en courroux,
Plus de conférence entre nous ;
Vous savez que d'abord tout cesse.
AMPHITRYON.
Non, sans emportement je te veux écouter,
Je l'ai promis. Mais dis ; en bonne conscience.
Au mystère nouveau que tu me viens conter
Est-il quelque ombre d'apparence ?
SOSIE.
Non, vous avez raison, et la chose à chacun ;
Hors de créance doit paraître.
C'est un fait à n'y rien connaître,
Un conte extravagant, ridicule, importun ;
Cela choque le sens commun ;
Mais cela ne laisse pas d'être.
AMPHITRYON.
Le moyen d'en rien croire, à moins qu'être insensé !
SOSIE.
Je ne l'ai pas cru, moi, sans une peine extrême.
Je me suis d'être deux sentit l'esprit blessé ;
Et longtemps d'imposteur j'ai traité ce moi-même.
Mais à me reconnaître enfin il m'a forcé ;
J'ai vu que c'était moi, sans aucun stratagême ;
Des pieds jusqu'à la tête, il est comme moi fait,
Beau, l'air noble, bien pris, les manières charmantes,
Enfin deux gouttes de lait
Ne sont pas plus ressemblantes ;
Et n'était que ses mains sont un peu trop pesantes,
J'en serait fort satisfait.
AMPHITRYON.
A quelle patience il faut que je m'exhorte !
Mais enfin n'es-tu pas entré dans la maison ?
SOSIE.
Bon, entré ! Hé ! Hé ! de quelle sorte ?
Ai-je voulu jamais entendre de raison ?
Et ne me suis-je pas interdit notre porte ?
AMPHITRYON.
Comment donc !

SOSIE.
             Avec un bâton,
Dont mon dos sent encore une douleur très forte.
         AMPHITRYON.
On t'a battu.
         SOSIE.
      Vraiment.
         AMPHITRYON.
         Et qui?
         SOSIE.
          Moi.
         AMPHITRYON.
              Toi, te battre?
         SOSIE.
    Oui, moi; non pas le moi d'ici,
Mais le moi du logis, qui frappe comme quatre.
         AMPHITRYON.
Te confonde le ciel de me parler ainsi!
         SOSIE.
       Ce ne sont point des badinages.
       Le moi que j'ai trouvé tantôt
Sur le moi qui vous parle a de grands avantages;
       Il a le bras fort, le cœur haut :
       J'en ai reçu des temoignages;
Et ce diable de moi m'a rossé comme il faut;
       C'est un drôle qui fait des rages.
         AMPHITRYON.
Achevons. As-tu vu ma femme?
         SOSIE.
            Non.
         AMPHITRYON.
              Pourquoi?
         SOSIE.
Par une raison assez forte.
         AMPHITRYON.
Qui t'a fait y manquer, maraud? Explique-toi.
         SOSIE.
Faut-il le répéter vingt fois de même sorte?
Moi, vous dis-je; ce moi plus robuste que moi;
Ce moi qui s'est de force emparé de la porte;

ACTE II, SCENE I.

Ce moi qui m'a fait filer doux ;
Ce moi qui le seul moi veut être ;
Ce moi de moi même jaloux ;
Ce moi vaillant dont le courroux
Au moi poltron s'est fait connaître ;
Enfin ce moi qui suis chez nous ;[1]
Ce moi qui s'est montré mon maître ;
Ce moi qui m'a roué de coups.

AMPHITRYON.

Il faut que ce matin, à force de trop boire,
　　Il se soit troublé le cerveau.

SOSIE.

Je veux être pendu si j'ai bu que de l'eau ?
　　A mon serment on m'en peut croire.

AMPHITRYON.

Il faut donc qu'au sommeil tes sens se soient portés,
Et qu'un songe fâcheux, dans ses confus mystères,
　　T'ait fait voir toutes les chimères
　　Dont tu me fais des vérités.

SOSIE.

Tout aussi peu. Je n'ai point sommeillé,
　　Et n'en ai même aucune envie.
　　Je vous parle bien éveillé :
J'étais bien éveillé ce matin, sur ma vie ;
Et bien éveillé même était l'autre Sosie
　　Quand il m'a si bien étrillé.

AMPHITRYON.

Suis-moi, je t'impose silence.
　　C'est trop me fatiguer l'esprit ;
Et je suis un vrai fou d'avoir la patience
D'écouter d'un valet les sottises qu'il dit.

SOSIE, *à part.*

　　Tous les discours sont des sottises,
　　Partant d'un homme sans éclat ;
　　Ce seraient paroles exquises
　　Si c'était un grand qui parlât.

AMPHITRYON.

　　Entrons sans davantage attendre.
Mais Alcmène paraît avec tous ses appas ;
En ce moment, sans doute, elle ne m'attend pas,

Et mon abord la va surprendre.

SCÈNE II.

ALCMÈNE, AMPHITRYON, CLÉANTHIS, SOSIE.

ALCMÈNE, *sans voir Amphitryon.*
Allons pour mon époux, Cléanthis, vers les dieux
　　Nous acquitter de nos hommages,
Et les remercier des succès glorieux
Dont Thèbes par son bras goûte les avantages.
　　(*apercevant Amphitryon.*)
O Dieux !

AMPHITRYON.
　　Fasse le ciel qu'Amphitryon vainqueur,
　　Avec plaisir soit reyu de sa femme ;
　　Et que ce jour, favorable à ma flamme,
Vous redonne à mes yeux avec le même cœur,
　　Que j'y retrouve autant d'ardeur
　　Que vous en rapporte mon ame !

ALCMÈNE.
Quoi ! de retour sitôt !

AMPHITRYON.
　　　　　Certes, c'est en ce jour
Me donner de vos feux un mauvais témoignage ;
　　Et ce *Quoi ! sitôt de retour !*
En ces occasions n'est guère le langage
　　D'un cœur bien enflammé d'amour.
　　J'osais me flatter en moi même
　　Que loin de vous j'aurais trop demeuré.
L'attente d'un retour ardemment désiré
Donne à tous les instants une longueur extrême ;
　　Et l'absence de ce qu'on aime,
Quelque peu qu'elle dure, a toujours trop duré.

ALCMÈNE.
Je ne vois...

AMPHITRYON.
　　　Non, Alcmène, à son impatience
On mesure le temps en de pareils états ;
　　Et vous comptez les moments de l'absence
　　En personne qui n'aime pas.

Lorsque l'on aime comme il faut,
Le moindre éloignement nous tue ;
Et ce dont on chérit la vue
Ne revient jamais assez tôt.
De votre accueil, je le confesse,
Se plaint ici mon amoureuse ardeur ;
Et j'attendais de votre cœur
D'autres transports de joie et de tendresse.

ALCMÈNE.

J'ai peine à comprendre sur quoi
Vous fondez les discours que je vous entends faire ;
Et, si vous vous plaignez de moi,
Je ne sais pas, de bonne foi,
Ce qu'il faut pour vous satisfaire.
Hier au soir, ce me semble, à votre heureux retour,
On me vit témoigner une joie assez tendre,
Et rendre aux soins de votre amour
Tout ce que de mon cœur vous aviez lieu d'attendre.

AMPHITRYON.

Comment ?

ALCMÈNE.

Ne fis-je pas éclater à vos yeux
Les soudains mouvements d'une entière allégresse ?
Et le transport d'un cœur peut-il s'expliquer mieux
Au retour d'un époux qu'on aime avec tendresse ?

AMPHITRYON.

Que me dites-vous là ?

ALCMÈNE.

Que même votre amour
Montra de mon accueil une joie incroyable ;
Et que, m'ayant quittée à la pointe du jour,
Je ne vois pas qu'à ce soudain retour
Ma surprise soit si coupable.

AMPHITRYON.

Est-ce que du retour que j'ai précipité
Un songe, cette nuit, Alcmène, dans votre ame
A prévenu la vérité ;
Et que, m'ayant peut-être, en dormant bien traité,
Votre cœur se croit vers ma flamme
Assez amplement acquitté ?

ALCMÈNE.
Est-ce qu'une vapeur par sa malignité,
  Amphitryon, a dans votre ame
Du retour d'hier au soir brouillé la vérité;
Et que du doux accueil duquel je m'acquittai
    Votre cœur prétend à ma flamme
    Ravir toute l'honnêteté
AMPHITRYON.
Cette vapeur dont vous me régalez,
  Est un peu, ce me semble, étrange.
ALCMÈNE.
    C'est ce qu'on peut donner pour change
    Au songe dont vous me parlez.
AMPHITRYON.
A moins d'un songe, on ne peut pas, sans doute,
Excuser ce qu'ici votre bouche me dit.
ALCMÈNE.
A moins d'une vapeur qui vous trouble l'esprit,
On ne peut pas sauver ce que de vous j'écoute.
AMPHITRYON.
Laissons un peu cette vapeur, Alcmène.
ALCMÈNE.
Laissons un peu ce songe, Amphitryon.
AMPHITRYON.
Sur le sujet dont il est question,
Il n'est guère de jeu que trop loin on ne mène.
ALCMÈNE.
    Sans doute; et, pour marque certaine,
Je commence à sentir un peu d'émotion.
AMPHITRYON.
Est-ce donc que par-là vous voulez essayer
A réparer l'accueil dont je vous ai fait plainte?
ALCMÈNE.
    Est-ce donc que par cette feinte
    Vous désirez vous égayer?
AMPHITRYON.
Ah! de grace, cessons, Alcmène, je vous prie,
  Et parlons sérieusement.
ALCMÈNE.
Amphitryon, c'est trop pousser l'amusement;

Finissons cette raillerie.
AMPHITRYON.
Quoi ! vous osez me soutenir en face
Que plus tôt qu'à cette heure on m'ait ici pu voir?
ALCMÈNE.
Quoi ! vous voulez nier avec audace
Que dès hier en ces lieux vous vîntes sur le soir?
AMPHITRYON.
Moi, je vins hier?
ALCMÈNE.
Sans doute ; et, dès devant l'aurore,
Vous vous en êtes retourné.
AMPHITRYON, *à part.*
Ciel! un pareil débat s'est-il pu voir encore?
Et qui de tout ceci ne serait étonné?
Sosie.
SOSIE.
Elle a besoin de six grains d'hellébore,
Monsieur ; son esprit est tourné.
AMPHITRYON.
Alcmène, au nom de tous les dieux,
Ce discours a d'étranges suites!
Reprenez vos sens un peu mieux,
Et pensez à ce que vous dites.
ALCMÈNE.
J'y pense mûrement aussi ;
Et tous ceux du logis ont vu votre arrivée
J'ignore quel motif vous fait agir ainsi ;
Mais si la chose avait besoin d'être prouvée,
S'il était vrai qu'on pût ne s'en souvenir pas,
De qui puis-je tenir, que de vous, la nouvelle
Du dernier de tous vos combats,
Et les cinq diamants que portait Ptérélas
Qu'a fait dans la nuit éternelle
Tomber l'effort de votre bras?
En pourrait-on vouloir un plus sûr témoignage?
AMPHITRYON.
Quoi! je vous ai déjà donné
Le nœud de diamants que j'eus pour mon partage,
Et que je vous ai destiné?

ALCMÈNE.
Assurément. Il n'est pas difficile
De vous en bien convaincre.
AMPHITRYON.
Et comment?
ALCMÈNE, *montrant le nœud de diamants à sa ceinture.*
Le voici.
AMPHITRYON.
Sosie!
SOSIE, *tirant de sa poche un coffret.*
Elle se moque, et je le tiens ici,
Monsieur, la feinte est inutile.
AMPHITRYON, *regardant le coffret.*
Le cachet est entier.
ALCMÈNE, *présentant à Amphitryon le nœud de diamants*
Est-ce une vision?
Tenez. Trouverez-vous cette preuve assez forte?
AMPHITRYON.
Ah! ciel! ô juste ciel!
ALCMÈNE.
Allez, Amphitryon,
Vous vous moquez d'en user de la sorte,
Et vous en devriez avoir confusion.
AMPHITRYON.
Romps vite ce cachet.
SOSIE, *ayant ouvert le coffret.*
Ma foi, la place est vide.
Il faut que, par magie, on ait su le tirer,
Ou bien que de lui-même il soit venu sans guide
Vers celle qui a su qu'on en voulait parer.
AMPHITRYON, *à part.*
O dieux, dont le pouvoir sur les choses préside,
Quelle est cette aventure, et qu'en puis-je augurer
Dont mon amour ne s'intimide?
SOSIE, *à Amphitryon.*
Si sa bouche dit vrai, nous avons même sort,
Et de même que moi, monsieur, vous êtes double.

ACTE II, SCENE II.

AMPHITRYON.

Tais-toi.

ALCMÈNE.

Sur quoi vous étonner si fort?
Et d'où peut naître ce grand trouble?

AMPHITRYON, *à part.*

O ciel! quel étrange embarras!
Je vois des incidents qui passent la nature;
Et mon bonheur redoute une aventure
Que mon esprit ne comprend pas.

ALCMÈNE.

Songez-vous, en tenant cette preuve sensible,
A me nier encor votre retour pressé?

AMPHITRYON.

Non: mais, à ce retour, daignez, s'il est possible,
Me conter ce qui s'est passé.

ALCMÈNE.

Puisque vous demandez un récit de la chose,
Vous voulez dire donc que ce n'était pas vous?

AMPHITRYON.

Pardonnez-moi; mais j'ai certaine cause
Qui me fait demander ce récit entre nous.

ALCMÈNE.

Les soucis importants qui vous peuvent saisir
Vous ont-ils fait si vite en perdre la mémoire;

AMPHITRYON.

Peut-être: mais enfin vous me ferez plaisir.
De m'en dire toute l'histoire.

ALCMÈNE.

L'histoire n'est pas longue. A vous je m'avançai
Pleine d'une aimable surprise;
Tendrement je vous embrassai,
Et témoignai ma joie à plus d'une reprise.

AMPHITRYON, *à part.*

Ah! d'un si doux accueil je me serais passé.

ALCMÈNE.

Vous me fîtes d'abord ce présent d'importance,
Que du butin conquis vous m'aviez destiné.
Votre cœur avec véhémence
M'étala de ses feux toute la violence;

Et les soins importuns qui l'avaient enchaîné,
L'aise de me revoir, les tourments de l'absence,
    Tout le souci que son impatience
        Pour le retour s'était donné)
Et jamais votre amour, en pareille occurrence,
Ne me parut si tendre et si passionné.

        AMPHITRYON, *à part.*
Peut-on plus vivement se voir assassiné!

        ALCMÈNE.
  Tous ces transports, toute cette tendresse,
Comme vous voyez bien, ne me déplaisent pas;
    Et, s'il faut que je le confesse,
Mon cœur, Amphitryon, y trouvait mille appas.

        AMPHITRYON.
Ensuite, s'il vous plaît?

        ALCMÈNE.
            Nous nous entrecoupâmes
De mille questions qui pouvaient nous toucher.
On servit. Tête à tête ensemble nous soupâmes;
Et, le souper fini, nous nous fûmes coucher.

        AMPHITRYON.
Ensemble?

        ALCMÈNE.
  Assurément. Quelle est cette demande?

        AMPHITRYON, *à part.*
Ah! c'est ici le coup le plus cruel de tous,
Et dont à s'assurer tremblait mon feu jaloux.

        ALCMÈNE.
D'où vous vient, à ce mot, une rougeur si grande?
Ai-je fait quelque mal de coucher avec vous?

        AMPHITRYON.
Non, ce n'était pas moi, pour ma douleur sensible;
Et qui dit qu'hier ici mes pas se sont portés,
    Dit de toutes les faussetés
    La fausseté la plus horrible.

        ALCMÈNE.
Amphitryon!

        AMPHITRYON.
  Perfide!

ACTE II, SCÈNE II.

ALCMÈNE.
Ah! quel emportement!
AMPHITRYON.
Non, non, plus de douceur et plus de déférence.
Ce revers vient à bout de toute ma constance;
Et mon cœur ne respire, en ce fatal moment,
Et que fureur et que vengeance.
ALCMÈNE.
De qui donc vous venger? et quel manque de foi
Vous fait ici me traiter de coupable?
AMPHITRYON.
Je ne sais pas, mais ce n'était pas moi:
Et c'est un désespoir qui de tout rend capable.
ALCMÈNE.
Allez, indigne époux, le fait parle de soi,
Et l'imposture est effroyable.
C'est trop me pousser là-dessus,
Et d'infidélité me voir trop condamnée.
Si vous cherchez, dans ces transports confus,
Un prétexte à briser les nœuds d'un hyménée
Qui me tient à vous enchaînée,
Tous ces détours sont superflus;
Et me voilà déterminée
A souffrir qu'en ce jour nos liens soient rompus.
AMPHITRYON.
Après l'indigne affront que l'on me fait connaître,
C'est bien à quoi, sans doute, il faut vous préparer:
C'est le moins qu'on doit voir: et les choses peut-
Pourront n'en pas là demeurer.   [être
Le déshonneur est sûr, mon malheur est visible,
Et mon amour en vain voudrait me l'obscurcir;
Mais le détail encor ne m'en est pas sensible,
Et mon juste courroux prétend s'en éclaircir.
Votre frère déjà peut hautement répondre
Que, jusqu'à ce matin, je ne l'ai point quitté;
Je m'en vais le chercher, afin de vous confondre
Sur ce retour qui m'est faussement imputé.
Après, nous percerons jusqu'au fond d'un mystère
Jusqu'à présent inouï:
Et, dans les mouvements d'une juste colère,

Malheur à qui m'aura trahi !
SOSIE.
Monsieur..
AMPHITRYON.
Ne m'accompagne pas,
Et demeure ici pour m'attendre.
CLÉANTHIS, à *Alcmène.*
Faut-il...?
ALCMÈNE.
Je ne puis rien entendre :
Laisse-moi seule, et ne suis point mes pas.

SCENE III.

CLÉANTHIS, SOSIE.

CLÉANTHIS, *à part.*
Il faut que quelque chose ait brouillé sa cervelle.
Mais le frère, sur-le-champ,
Finira cette querelle.
SOSIE, *à part.*
C'est ici pour mon maître un coup assez touchant ;
Et son aventure est cruelle.
Je crains fort pour mon fait quelque chose approchant,
Et je m'en veux tout doux éclaircir avec elle.
CLÉANTHIS, *à part.*
Voyez, s'il me viendra seulement aborder !
Mais je veux m'empêcher de rien faire paraître.
SOSIE, *à part.*
La chose quelquefois est fâcheuse à connaître,
Et je tremble à la demander.
Ne vaudrait-il pas mieux, pour ne rien hasarder,
Ignorer ce qu'il en peut être ?
Allons, tout coup vaille, il faut voir,
Et je ne m'en saurais défendre.
La faiblesse humaine est d'avoir
Des curiosités d'apprendre
Ce qu'on ne voudrait pas savoir.
Dieu te gard', Cléanthis !
CLÉANTHIS.
Ah ! ah ! tu t'en avises,

Traître, de t'approcher de nous !
SOSIE.
Mon Dieu ! qu'as-tu ? toujours on te voit en courroux,
Et sur rien te formalises !
CLÉANTHIS.
Qu'appelles-tu sur rien ? dis.
SOSIE.
J'appelle sur rien
Ce qui sur rien s'appelle en vers ainsi qu'en prose ;
Et rien, comme tu le sais bien,
Veut dire rien ou peu de chose.
CLÉANTHIS.
Je ne sais qui me tient, infame,
Que je ne t'arrache les yeux,
Et ne t'apprenne où va le courroux d'une femme.
SOSIE.
Holà ! D'où te vient donc ce transport furieux ?
CLÉANTHIS.
Tu n'appelles donc rien le procédé peut-être
Qu'avec moi ton cœur a tenu ?
SOSIE.
Et quel ?
CLÉANTHIS.
Quoi ! tu fais l'ingénu !
Est-ce qu'à l'exemple du maître
Tu veux dire qu'ici tu n'es pas revenu ?
SOSIE.
Non, je sais fort bien le contraire ;
Mais, je ne t'en fais pas le fin,
Nous avions bu de je ne sais quel vin
Qui m'a fait oublier tout ce que j'ai pu faire.
CLÉANTHIS.
Tu crois peut-être excuser par ce trait...
SOSIE.
Non, tout de bon, tu peux m'en croire.
J'étais dans un état où je puis avoir fait
Des choses dont j'aurais regret,
Et dont je n'ai nulle mémoire.
CLÉANTHIS.
Tu ne te souviens point du tout de la manière

Dont tu m'as su traiter étant venu du port?
SOSIE.
Non plus que rien : tu peux m'en faire le rapport;
　　　Je suis équitable et sincère,
Et me condamnerai moi-même si j'ai tort.
CLÉANTHIS.
Comment! Amphitryon m'ayant su disposer,
Jusqu'à ce que tu vins j'avais poussé ma veille;
Mais je ne vis jamais une froideur pareille:
De ta femme il fallut moi-même t'aviser;
　　　Et, lorsque je fus te baiser,
Tu détournas le nez, et me donnas l'oreille.
SOSIE.
Bon!
CLÉANTHIS.
　　Comment, bon?
SOSIE.
　　　　　Mon Dieu! tu ne sais pas pourquoi,
　　Cléanthis, je tiens ce langage:
J'avais mangé de l'ail, et fis en homme sage
De détourner un peu mon haleine de toi.
CLÉANTHIS.
Je te sus exprimer des tendresses de cœur:
Mais à tous mes discours tu fus comme une souche;
　　　Et jamais un mot de douceur
　　　Ne te put sortir de la bouche.
SOSIE, *à part.*
　Courage!
CLÉANTHIS.
　　Enfin, ma flamme eut beau s'émanciper,
Sa chaste ardeur en toi ne trouvas rien que glace;
Et, dans un tel retour, je te vis la tromper
Jusqu'à faire refus de prendre au lit la place
Que les lois de l'hymen t'obligent d'occuper.
SOSIE.
Quoi! je ne couchai point?
CLÉANTHIS.
　　　　Non, lâche.
SOSIE.
　　　　　　Est-il possible!

ACTE II, SCENE III.

CLÉANTHIS.

Traître ! il n'est que trop assuré
C'est de tous les affronts l'affront le plus sensible ;
Et, loin que ce matin ton cœur l'ait réparé,
Tu t'es d'avec moi séparé
Par des discours chargés d'un mépris tout visible.

SOSIE, *à part.*

Vivat Sosie !

CLÉANTHIS.

Hé quoi ! ma plainte a cet effet !
Tu ris après ce bel ouvrage !

SOSIE.

Que je suis de moi satisfait !

CLÉANTHIS.

Exprime-t-on ainsi le regret d'un outrage ?

SOSIE.

Je n'aurais jamais cru que j'eusse été si sage.

CLÉANTHIS.

Loin de te condamner d'un si perfide trait,
Tu m'en fais éclater la joie en ton visage !

SOSIE.

Mon Dieu ! tout doucement ! Si je parais joyeux,
Crois que j'en ai dans l'ame une raison très forte,
Et que, sans y penser, je ne fis jamais mieux
Que d'en user tantôt avec toi de la sorte.

CLÉANTHIS.

Traître, te moques-tu de moi ?

SOSIE.

Non, je te parle avec franchise.
En l'état où j'étais, j'avais certain effroi
Dont, avec ton discours, mon ame s'est remise.
Je m'appréhendais fort, et craignais qu'avec toi
Je n'eusse fait quelque sottise.

CLÉANTHIS.

Quelle est cette frayeur ? et sachons donc pourquoi ?

SOSIE.

Les médecins disent quand on est ivre,
Que de sa femme on se doit abstenir ;
Et que, dans cet état, il ne peut provenir
Que des enfants pesants et qui ne sauraient vivre.

Vois, si mon cœur n'eût se de froideur se munir,
Quels inconvénients auraient pu s'en ensuivre!
CLÉANTHIS.
Je me moque des médecins
Avec leurs raisonnements fades :
Qu'ils règlent ceux qui sont malades,
Sans vouloir gouverner les gens qui sont bien sains.
Ils se mêlent de trop d'affaires,
De prétendre tenir nos chastes feux gênés ;
Et sur les jours caniculaires
Ils nous donnent encore, avec leurs lois sévères,
De cent sots contes par le nez.
SOSIE.
Tout doux.
CLÉANTHIS.
Non, je soutiens que cela conclut mal ;
Ces raisons sont raisons d'extravagantes têtes.
Il n'est ni vin, ni temps, qui puisse être fatal
A remplir le devoir de l'amour conjugal ;
Et les médecins sont des bêtes.
SOSIE.
Contre eux, je t'en supplie, apaise ton courroux ;
Ce sont d'honnêtes gens, quoi que le monde en dise.
CLÉANTHIS.
Tu n'es pas où tu crois ; en vain tu files doux :
Ton excuse n'est point une excuse de mise ;
Et je me veux venger tôt ou tard, entre nous,
De l'air dont chaque jour je vois qu'on me méprise.
Des discours de tantôt je garde tous les coups,
Et tâcherai d'user, lâche et perfide époux,
De cette liberté que ton cœur m'a permise.
SOSIE.
Quoi ?
CLÉANTHIS.
Tu m'as dit tantôt que tu consentais fort
Lâche, que j'en aimasse un autre.
SOSIE.
Ah! pour cet article j'ai tort.
Je m'en dédis, il y va trop du nôtre.
Garde-toi bien de suivre ce transport.

CLÉANTHIS.
Si je puis une fois pourtant
Sur mon esprit gagner la chose...
SOSIE.
Fais à ce discours quelque pause.
Amphitryon revient, qui me paraît content.

SCENE IV.
JUPITER, CLÉANTHIS, SOSIE.

JUPITER, *à part.*
Je viens prendre le temps de rapaiser Alcmène.
De bannir les chagrins que son cœur veut garder,
Et donner à mes feux, dans ce soin qui m'amène,
Le doux plaisir de se raccommoder.
(à *Cléanthis.*
Alcmène est là-haut, n'est-ce pas?
CLÉANTHIS.
Oui, pleine d'une inquiétude
Qui cherche de la solitude,
Et qui m'a défendu d'accompagner ses pas.
JUPITER.
Quelque défense qu'elle ait faite,
Elle ne sera pas pour moi.

SCENE V.
CLÉANTHIS, SOSIE.

CLÉANTHIS.
Son chagrin, à ce que je vois.
A fait une prompte retraite.
SOSIE.
Que dis-tu, Cléanthis, de ce joyeux maintien,
Après son fracas effroyable?
CLÉANTHIS.
Que si toutes nous faisions bien,
Nous donnerions tous les hommes au diable,
Et que le meilleur n'en vaut rien.
SOSIE.
Cela se dit dans le courroux :

Mais aux hommes par trop vous êtes accrochées;
Et vous seriez, ma foi, toutes bien empêchées,
　　Si le diable les prenait tous.
　　　　　　CLÉANTHIS.
　Vraiment...
　　　　　　SOSIE.
　　　　Les voici. Taisons-nous.

SCÈNE VI.
JUPITER, ALCMÈNE, CLÉANTHIS, SOSIE.

JUPITER.
Voulez-vous me désespérer?
Hélas! arrêtez, belle Alcmène.
　　　　　　ALCMÈNE.
Non, avec l'auteur de ma peine
Je ne puis du tout demeurer.
　　　　　　JUPITER.
De grace!...,
　　　　　　ALCMÈNE.
　　　Laissez-moi.
　　　　　　JUPITER.
　　　Quoi!...
　　　　　　ALCMÈNE.
　　　　　Laissez-moi, vous dis-je.
　　JUPITER, *bas, à part.*
Ses pleurs touchent mon ame, et sa douleur m'afflige.
　(*haut.*)
Souffrez que mon cœur...
　　　　　　ALCMÈNE.
　　　　　Non, ne suivez point mes pas.
　　　　　　JUPITER.
Où voulez-vous aller?
　　　　　　ALCMÈNE.
　　　Où vous ne serez pas.
　　　　　　JUPITER.
　　Ce vous est une attente vaine.
Je tiens à vos beautés par un nœud trop serré
Pour pouvoir un moment en être séparé.
　　Je vous suivrai partout, Alcmène.

ALCMÈNE.
Et moi, partout je vous fuirai.
JUPITER.
Je suis donc bien épouvantable!
ALCMÈNE.
Plus qu'on ne peut dire, à mes yeux.
Oui, je vous vois comme un monstre effroyable,
Un monstre cruel, furieux,
Et dont l'approche est redoutable;
Comme un monstre à fuir en tous lieux.
Mon cœur souffre, à vous voir, une peine incroyable:
C'est un supplice qui m'accable;
Et je ne vois rien sous les cieux
D'affreux, d'horrible, d'odieux,
Qui ne me fût plus que vous supportable.
JUPITER.
En voilà bien, hélas! que votre bouche dit.
ALCMÈNE.
J'en ai dans le cœur davantage;
Et, pour s'exprimer tout, ce cœur a du dépit
De ne point trouver de langage.
JUPITER.
Hé! que vous a donc fait ma flamme,
Pour me pouvoir, Alcmène, en monstre regarder?
ALCMÈNE.
Ah! juste ciel! cela se peut-il demander?
Et n'est-ce pas pour mettre à bout une ame?
JUPITER.
Ah! d'un esprit plus adouci...
ALCMÈNE.
Non, je ne veux du tout vous voir ni vous entendre.
JUPITER.
Avez-vous bien le cœur de me traiter ainsi?
Est-ce là cet amour si tendre
Qui devait tant durer quand je vins hier ici?
ALCMÈNE.
Non, non, ce ne l'est pas, et vos lâches injures
En ont autrement ordonné.
Il n'est plus, cet amour tendre et passionné;
Vous l'avez dans mon cœur par cent vives blessures

Cruellement assassiné :
C'est en sa place un courroux inflexible,
Un vif ressentiment, un dépit invincible,
Un désespoir d'un cœur justement animé,
Qui prétend vous haïr, pour cet affront sensible,
Autant qu'il est d'accord de vous avoir aimé ;
Et c'est haïr autant qu'il est possible.

JUPITER.

Hélas ! que votre amour n'avait guère de force,
Si de si peu de chose on le peut voir mourir !
Ce qui n'était que jeu doit-il faire un divorce ?
Et d'une raillerie a-t-on lieu de s'aigrir ?

ALCMÈNE.

Ah ! c'est cela dont je suis offensée,
Et que ne peut pardonner mon courroux :
Des véritables traits d'un mouvement jaloux
Je me trouverais moins blessée.
La jalousie a des impressions
Dont bien souvent la force nous entraîne ;
Et l'ame la plus sage, en ces occasions,
Sans doute avec assez de peine
Répond de ses émotions.
L'emportement d'un cœur qui peut s'être abusé
A de quoi ramener une ame qu'il offense ;
Et, dans l'amour qui lui donne naissance,
Il trouve au moins malgré toute sa violence,
Des raisons pour être excusé.
De semblables transports contre un ressentiment
Pour défense toujours ont ce qui les fait naître ;
Et l'on donne grace aisément
A ce dont on n'est pas le maître.
Mais que, de gayeté de cœur,
On passe aux mouvements d'une fureur extrême ;
Que, sans cause, l'on vienne avec tant de rigueur,
Blesser la tendresse et l'honneur
D'un cœur qui chèrement nous aime ;
Ah ! c'est un coup trop cruel en lui-même,
Et que jamais n'oubliera ma douleur.

JUPITER.

Oui, vous avez raison, Alcmène ; il se faut rendre

ACTE II, SCÈNE VI.

Cette action, sans doute, est un crime odieux ;
    Je ne prétends plus la défendre :
Mais souffrez que mon cœur s'en défende à vos yeux,
    Et donne au vôtre à qui se prendre
    De ce transport injurieux.
    A vous en faire un aveu véritable,
    L'époux, Alcmène, a commis tout le mal ;
C'est l'époux qu'il vous faut regarder en coupable :
L'amant n'a point de part à ce transport brutal,
Et de vous offenser son cœur n'est point capable.
Il a pour vous, ce cœur, pour jamais y penser,
    Trop de respect et de tendresse ;
Et, si de faire rien à vous pouvoir blesser
    Il avait eu la coupable faiblesse,
De cent coups, à vos yeux, il voudrait le percer.
Mais l'époux est sorti de ce respect soumis
    Où pour vous l'on doit toujours être ;
A son dur procédé l'époux s'est fait connaître,
Et par le droit d'hymen, il s'est cru tout permis.
Oui, c'est lui qui, sans doute, est criminel vers vous,
Lui seul a maltraité votre aimable personne ;
    Haïssez, détestez l'époux,
    J'y consens, et vous l'abandonne :
Mais, Alcmène, sauvez l'amant de ce courroux
    Qu'une telle offense vous donne ;
    N'en jetez pas sur lui l'effet,
    Démêlez-le un peu du coupable ;
    Et, pour être enfin équitable,
Ne le punissez point de ce qu'il n'a pas fait.

ALCMÈNE.

    Ah ! toutes ces subtilités
    N'ont que des excuses frivoles ;
    Et, pour les esprits irrités,
Ce sont des contre temps que de telles paroles.
Ce détour ridicule est en vain pris par vous.
Je ne distingue rien en celui qui m'offense ;
    Tout y devient l'objet de mon courroux ;
    Et dans sa juste violence,
    Sont confondus et l'amant et l'époux.
Tous deux de même sorte occupent ma pensée ;

Et des mêmes couleurs, par mon ame blessée,
    Tous deux ils sont peints à mes yeux:
Tous deux sont criminels, tous deux m'ont offensée,
    Et tous deux me sont odieux.

JUPITER.

Hé bien! puisque vous le voulez,
    Il faut donc me charger du crime.
Oui, vous avez raison lorsque vous m'immolez
A vos ressentiments en coupable victime.
Un trop juste dépit contre moi vous anime;
Et tout ce grand courroux qu'ici vous étalez
Ne me fait endurer qu'un tourment légitime.
    C'est avec droit que mon abord vous chasse,
    Et que de me fuir en tous lieux
    Votre colère me menace.
    Je dois vous être un objet odieux;
Vous devez me vouloir un mal prodigieux.
Il n'est aucune horreur que mon forfait ne passe,
    D'avoir offensé vos beaux yeux;
C'est un crime à blesser les hommes et les dieux;
Et je mérite enfin, pour punir cette audace,
    Que contre moi votre haine ramasse
    Tous ses traits les plus furieux.
    Mais mon cœur vous demande grace :
Pour vous la demander je me jette à genoux,
Et la demande au nom de la plus vive flamme,
    Du plus tendre amour dont une ame
    Puisse jamais brûler pour vous.
    Si votre cœur, charmante Alcmène,
Me refuse la grace où j'ose recourir,
    Il faut qu'une atteinte soudaine
    M'arrache, en me faisant mourir,
    Aux dures rigueurs d'une peine
    Que je ne saurais plus souffrir.
    Oui, cet état me désespère.
    Alcmène, ne présumez pas
Qu'aimant, comme je fais, vos célestes appas,
Je puisse vivre un jour avec votre colère.
Déjà de ces moments la barbare longueur
    Fait sous des atteintes mortelles

ACTE II, SCENE VI.

        Succomber tout mon triste cœur ;
Et de mille vautours les blessures cruelles
N'ont rien de comparable à ma vive douleur.
Alcmène, vous n'avez qu'à me le déclarer :
S'il n'est point de pardon que je doive espérer,
Cette épée aussitôt, par un coup favorable,
Va percer à vos yeux le cœur d'un misérable ;
Ce cœur, ce traître cœur, trop digne d'expirer,
Puisqu'il a pu fâcher un objet adorable :
Heureux, en descendant au ténébreux séjour,
Si de votre courroux mon trépas vous ramène,
Et ne laisse en votre ame, après ce triste jour,
      Aucune impression de haine
      Au souvenir de mon amour !
C'est tout ce que j'attends pour faveur souveraine.

            ALCMÈNE.

Ah ! trop cruel époux !

            JUPITER.

      Dites, parlez, Alcmène.

            ALCMÈNE.

Faut-il encor pour vous conserver des bontés,
Et vous voir m'outrager par tant d'indignités ?

            JUPITER.

Quelque ressentiment qu'un outrage nous cause,
Tient-il contre un remords d'un cœur bien enflammé ?

            ALCMÈNE.

Un cœur bien plein de flamme à mille morts s'expose,
Plutôt que de vouloir fâcher l'objet aimé.

            JUPITER.

Plus on aime quelqu'un, moins on trouve de peine...

            ALCMÈNE.

Non, ne m'en parlez point ; vous méritez ma haine.

            JUPITER.

Vous me haïssez donc ?

            ALCMÈNE.

           J'y fais tout mon effort,
Et j'ai dépit de voir que toute votre offense,
Ne puisse de mon cœur, jusqu'à cette vengeance,
      Faire encore aller le transport.

JUPITER.
Mais pourquoi cette violence,
Puisque, pour vous venger, je vous offre ma mort!
Prononcez-en l'arrêt, et j'obéis sur l'heure.
ALCMÈNE.
Qui ne saurait haïr peut-il vouloir qu'on meure?
JUPITER.
Et moi, je ne puis vivre à moins que vous quittiez
Cette colère qui m'accable,
Et que vous m'accordiez le pardon favorable
Que je vous demande à vos pieds.
(*Sosie et Cléanthis se mettent aussi à genoux*)
Résolvez ici l'un des deux,
Ou de punir, ou bien d'absoudre.
ALCMÈNE.
Hélas! ce que je puis résoudre
Paraît bien plus que je ne veux.
Pour vouloir soutenir le courroux qu'on me donne,
Mon cœur a trop su me trahir :
Dire qu'on ne saurait haïr,
N'est-ce pas dire qu'on pardonne?
JUPITER.
Ah! belle Alcmène, il faut que, comblé d'allégresse
ALCMÈNE.
Laissez, je me veux mal de mon trop de faiblesse.
JUPITER.
Va, Sosie, et dépêche-toi,
Voir, dans les doux transports dont mon ame est cha
Ce que tu trouveras d'officiers de l'armée,
Et les invite à dîner avec moi.
(*bas à part.*)
Tandis que d'ici je le chasse,
Mercure y remplira sa place.

SCENE VII.

CLÉANTHIS, SOSIÉ.

SOSIE.
Hé bien! tu vois, Cléanthis, ce ménage.
Veux-tu qu'à leur exemple ici

Nous fassions entre nous un peu de paix aussi,
Quelque petit rapatriage?
CLÉANTHIS.
C'est pour ton nez, vraiment! cela se fait ainsi!
SOSIE.
Quoi! tu ne veux pas?
CLÉANTHIS.
Non.
SOSIE.
Il ne m'importe guère.
Tant pis pour toi.
CLÉANTHIS.
Là, là, reviens.
SOSIE.
Non, morbleu, je n'en ferai rien,
Et je veux être, à mon tour, en colère.
CLÉANTHIS.
Va, va, traître, laisse-moi faire;
On se lasse parfois d'être femme de bien.

FIN DU SECOND ACTE.

ACTE III.

SCÈNE PREMIERE.

AMPHITRYON.

Oui, sans doute, le sort tout exprès me le cache;
Et des tours que je fais, à la fin, je suis las.
Il n'est point de destin plus cruel que je sache.
Je ne saurais trouver, portant partout mes pas,
    Celui qu'à chercher je m'attache,
Et je trouve tous ceux que je ne cherche pas.
Mille fâcheux cruels, qui ne pensent pas l'être,
De nos faits avec moi, sans beaucoup me connaître,
Viennent se réjouir pour me faire enrager.
Dans l'embarras cruel du souci qui me blesse,
De leurs embrassements et de leur allégresse
Sur mon inquiétude ils viennent tous charger.
    En vain à passer je m'apprête,
    Pour finir leurs persécutions,
Leur tuante amitié de tous côtés m'arrête;
Et, tandis qu'à l'ardeur de leurs expressions
    Je réponds d'un geste de tête,
Je leur donne tout bas cent malédictions.
Ah! qu'on est peu flatté de louange, d'honneur,
Et de tout ce que donne une grande victoire,
Lorsque dans l'ame on souffre une vive douleur,
Et que l'on donnerait volontiers cette gloire
    Pour avoir le repos du cœur!
    Ma jalousie, à tout propos,
    Me promène sur ma disgrace;
    Et plus mon esprit y repasse,
Moins j'en puis débrouiller le funeste chaos.
Le vol des diamants n'est pas ce qui m'étonne;
On lève les cachets, qu'on ne l'aperçoit pas:
Mais le don qu'on veut qu'hier j'en vins faire en per

Est ce qui fait ici mon cruel embarras.
La nature parfois produit des ressemblances
Dont quelques imposteurs ont pris droit d'abuser :
Mais il est hors de sens que, sous ces apparences,
Un homme pour époux se puisse supposer ;
Et dans tous ces rapports sont mille différences
Dont se peut une femme aisément aviser.
  Des charmes de la Thessalie
On vante de tout temps les merveilleux effets :
Mais les contes fameux qui partout en sont faits
Dans mon esprit toujours ont passé pour folie ;
Et ce serait du sort une étrange rigueur
  Qu'au sortir d'une ample victoire
  Je fusse contraint de les croire
  Aux dépens de mon propre honneur.
Je veux la retâter sur ce fameux mystère,
Et voir si ce n'est point une vaine chimère
Qui sur ses sens troublés ait su prendre crédit.
  Ah ! fasse le ciel équitable
  Que ce penser soit véritable,
Et que, pour mon bonheur, elle ait perdu l'esprit !

SCÈNE II.

MERCURE, AMPHITRYON.

MERCURE, *sur le balcon de la maison d'Amphitryon sans être vu ni entendu par Amphitryon.*

Comme l'amour ici ne m'offre aucun plaisir,
Je m'en veux faire au moins qui soient d'autre nature,
Et je vais égayer mon sérieux loisir
A mettre Amphitryon hors de toute mesure.
Cela n'est pas d'un dieu bien plein de charité :
Mais aussi n'est-ce pas ce dont je m'inquiète ;
  Et je me sens par ma planète
  A la malice un peu porté.

AMPHITRYON.

D'où vient donc qu'à cette heure on ferme cette porte ?

MERCURE.

Holà ! tout doucement. Qui frappe ?

AMPHITRYON, *sans voir Mercure.*

Moi?

MERCURE.

Qui, moi?

AMPHITRYON, *apercevant Mercure qu'il prend pour Sosie.*

Ah! ouvre!

MERCURE.

Comment, ouvre! Et qui donc es-tu, toi
Qui fais tant de vacarme et parles de la sorte?

AMPHITRYON.

Quoi! tu ne me connais pas?

MERCURE.

Non,
Et n'en ai pas la moindre envie.

AMPHITRYON, *à part.*

Tout le monde perd-il aujourd'hui la raison?
Est-ce un mal répandu? Sosie! holà, Sosie!

MERCURE.

Hé bien, Sosie! oui, c'est mon nom;
As-tu peur que je ne l'oublie?

AMPHITRYON.

Me vois-tu bien?

MERCURE.

Fort bien. Qui peut pousser ton bras
A faire une rumeur si grande?
Et que demandes-tu là-bas?

AMPHITRYON.

Moi, pendard! ce que je demande?

MERCURE.

Que ne demandes-tu donc pas?
Parle, si tu veux qu'on t'entende.

AMPHITRYON.

Attends, traître: avec un bâton
Je vais là-haut me faire entendre,
Et de bonne façon t'apprendre
A m'oser parler sur ce ton.

MERCURE.

Tout beau! Si pour heurter tu fais la moindre instance,
Je t'enverrai d'ici des messages fâcheux.

AMPHITRYON.

O ciel! vit-on jamais une telle insolence?
Là peut-on concevoir d'un serviteur, d'un gueux?

MERCURE.

Hé bien! qu'est-ce? M'as-tu tout parcouru par ordre?
M'as-tu de tes gros yeux assez considéré?
Comme il les écarquille, et paraît effaré!
   Si des regards on pouvait mordre,
  Il m'aurait déjà déchiré.

AMPHITRYON.

Moi-même je frémis de ce que tu t'apprêtes
  Avec ces impudents propos,
Que tu grossis pour toi d'effroyables tempêtes!
Quels orages de coups vont fondre sur ton dos!

MERCURE.

L'ami, si de ces lieux tu ne veux disparaître,
Tu pourras y gagner quelque contusion.

AMPHITRYON.

Ah! tu sauras, maraud, à ta confusion,
Ce que c'est qu'un valet qui s'attaque à son maître.

MERCURE.

Toi, mon maître?

AMPHITRYON.

   Oui, coquin. M'oses-tu méconnaître?

MERCURE.

Je n'en reconnais point d'autre qu'Amphitryon.

AMPHITRYON.

Et cet Amphitryon, qui, hors moi, le peut-être?

MERCURE.

Amphitryon?

AMPHITRYON.

   Sans doute.

MERCURE.

      Ah! quelle vision!
Dis-nous un peu. Quel est le cabaret honnête
  Où tu t'es coiffé le cerveau?

AMPHITRYON.

Comment! encore?

MERCURE.

   Était-ce un vin à faire fête?

AMPHITRYON.
Ciel!
MERCURE.
Était-il vieux ou nouveau?
AMPHITRYON.
Que de coups!
MERCURE.
Le nouveau donne fort dans la tête,
Quand on le veut boire sans eau.
AMPHITRYON.
Ah! je t'arracherai cette langue, sans doute.
MERCURE.
Passe, mon pauvre ami, crois-moi,
Que quelqu'un ici ne t'écoute.
Je respecte le vin. Va-t'en, retire-toi,
Et laisse Amphitryon dans les plaisirs qu'il goûte.
AMPHITRYON.
Comment! Amphitryon est là-dedans?
MERCURE.
Fort bien;
Qui, couvert des lauriers d'une victoire pleine,
Est auprès de la belle Alcmène
A jouir des douceurs d'un aimable entretien.
Après le démêlé d'un amoureux caprice,
Ils goûtent le plaisir de s'être rajustés.
Garde-toi de troubler leurs douces privautés,
Si tu veux qu'il ne punisse
L'excès de tes témérités.

SCENE III.
AMPHITRYON, *seul.*

Ah! quel étrange coup m'a-t-il porté dans l'ame!
En quel trouble cruel jette-t-il mon esprit!
Et si les choses sont comme le traître dit,
Où vois-je ici réduits mon honneur et ma flamme!
A quel parti me doit résoudre ma raison?
Ai-je l'éclat ou le secret à prendre?
Et dois-je en mon courroux, renfermer ou répandre
Le déshonneur de ma maison?

Ah! faut-il consulter dans un affront si rude?
Je n'ai rien à prétendre, et rien à ménager ;
Et toute mon inquiétude
Ne doit aller qu'à me venger.

SCÈNE IV.

AMPHITRYON, SOSIE, NAUCRATÈS et POLIDAS, *dans le fond du théâtre.*

SOSIE, à *Amphitryon.*

Monsieur, avec mes soins tout ce que j'ai pu faire,
C'est de vous amener ces messieurs que voici.

AMPHITRYON.

Ah! vous voilà!

SOSIE.

Monsieur.

AMPHITRYON.

Insolent! téméraire!

SOSIE.

Quoi?

AMPHITRYON.

Je vous apprendrai de me traiter ainsi.

SOSIE.

Qu'est-ce donc? qu'avez-vous?

AMPHITRYON, *mettant l'épée à la main.*

Ce que j'ai, misérable!

SOSIE, à *Naucratès et à Polidas.*

Holà, messieurs, venez donc tôt.

NAUCRATÈS, à *Amphitryon.*

Ah! de grace, arrêtez.

SOSIE.

De quoi suis-je coupable?

AMPHITRYON.

Tu me demandes, maraud!
(à *Naucratès.*)
Laissez-moi satisfaire un courroux légitime.

SOSIE.

Lorsque l'on pend quelqu'un, on lui dit pourquoi c'est.

NAUCRATÈS, à *Amphitryon.*

Daignez nous dire au moins quel peut-être son crime.

SOSIE.
Messieurs, tenez bon, s'il vous plaît.
AMPHITRYON.
Comment il vient d'avoir l'audace
De me fermer ma porte au nez,
Et de joindre encor la menace
A mille propos effrénés !
(*voulant le frapper.*)
Ah ! coquin !

SOSIE, *tombaut à genoux.*
Je suis mort.
NAUCRATÈS, *à Amphitryon.*
Calmez cette colère.
SOSIE.
Messieurs.
POLIDAS, *à Sosie.*
Qu'est-ce ?
SOSIE.
M'a-t-il frappé ?
AMPHITRYON.
Non, il faut qu'il ait le salaire
Des mots où tout à l'heure il s'est émancipé.
SOSIE.
Comment cela se peut-il faire,
Si j'étais par votre ordre autre part occupé ?
Ces messieurs sont ici pour rendre témoignage
Qu'à dîner avec vous je les viens d'inviter.
NAUCRATÈS.
Il est vrai qu'il nous vient de faire ce message,
Et n'a point voulu nous quitter.
AMPHITRYON.
Qui t'a donné cet ordre ?
SOSIE.
Vous.
AMPHITRYON.
Et quand ?
SOSIE.
Après votre paix faite.
Au milieu des transports d'une ame satisfaite

ACTE III, SCENE V.

D'avoir d'Alcmène apaisé le courroux.
(*Sosie se relève.*)

AMPHITRYON.

O ciel! chaque instant, chaque pas
Ajoute quelque chose à mon cruel martyre;
Et, dans ce fatal embarras,
Je ne sais plus que croire ni que dire.

NAUCRATÈS.

Tout ce que de chez vous il vient de nous conter
Surpasse si fort la nature,
Qu'avant que de rien faire et de vous emporter
Vous devez éclaircir toute cette aventure.

AMPHITRYON.

Allons; vous y pourrez seconder mon effort;
Et le ciel à propos ici vous a fait rendre.
Voyons quelle fortune en ce jour peut m'attendre;
Hélas! je brûle de l'apprendre,
Et je le crains plus que la mort.
(*Amphitryon frappe à la porte de sa maison.*)

SCÈNE V.

JUPITER, AMPHITRYON, NAUCRATÈS, POLIDAS, SOSIE.

JUPITER.

Quel bruit à descendre m'oblige?
Et qui frappe en maître où je suis?

AMPHITRYON.

Que vois-je? justes dieux!

NAUCRATÈS.

Ciel quel est ce prodige?
Quoi! deux Amphitryons ici nous sont produits!

AMPHITRYON, *à part*.

Mon ame demeure transie!
Hélas! je n'en puis plus, l'aventure est à bout;
Ma destinée est éclaircie,
Et ce que je vois me dit tout.

NAUCRATÈS.

Plus mes regards sur eux s'attachent fortement,
Plus je trouve qu'en tout l'un à l'autre est semblable.

SOSIE, *passant du côté de Jupiter.*
Messieurs, voici le véritable ;
L'autre est un imposteur digne de châtiment.
POLIDAS.
Certes, ce rapport admirable
Suspend ici mon jugement.
AMPHITRYON.
C'est trop être éludé par un fourbe exécrable ;
Il faut avec ce fer rompre l'enchantement.
NAUCRATÈS, *à Amphitryon qui a mis l'épée à la main.*
Arrêtez.
AMPHITRYON.
Laissez-moi.
NAUCRATÈS.
Dieux ! que voulez-vous faire ?
AMPHITRYON.
Punir d'un imposteur les lâches trahisons.
JUPITER.
Tout beau ! l'emportement est fort peu nécessaire ;
Et lorsque de la sorte on se met en colère,
On fait croire qu'on a de mauvaises raisons.
SOSIE.
Oui, c'est un enchanteur qui porte un caractère
Pour ressembler aux maîtres des maisons.
AMPHITRYON, *à Sosie.*
Je te ferai, pour ton partage,
Sentir par mille coups ces propos outrageants.
SOSIE.
Mon maître est homme de courage,
Et ne souffrira point que l'on batte ses gens.
AMPHITRYON.
Laissez-moi m'assouvir dans mon courroux extrême,
Et laver mon affront au sang d'un scélérat.
NAUCRATÈS, *arrêtant Amphitryon.*
Nous ne souffrirons point cet étrange combat
D'Amphitryon contre lui-même.
AMPHITRYON.
Quoi ! mon honneur de vous reçoit ce traitement !
Et mes amis d'un fourbe embrassent la défense !
Loin d'être les premiers à prendre ma vengeance,

ACTE III, SCÈNE V.

Eux-mêmes font obstacle à mon ressentiment !
NAUCRATÈS.
Que voulez-vous qu'à cette vue
Fassent nos résolutions,
Lorsque par deux Amphitryons
Toute notre chaleur demeure suspendue ?
A vous faire éclater notre zèle aujourd'hui.
Nous craignons de faillir et de vous méconnaître.
Nous voyons bien en vous Amphitryon paraître,
Du salut des Thébains le glorieux appui ;
Mais nous le voyons tous aussi paraître en lui,
Et ne saurions juger dans lequel il peut être.
Notre parti n'est point douteux,
Et l'imposteur par nous doit mordre la poussière :
Mais ce parfait rapport le cache entre vous deux ;
Et c'est un coup trop hasardeux
Pour l'entreprendre sans lumière.
Avec douceur laissez-nous voir
De quel côté peut être l'imposture :
Et, dès que nous aurons démêlé l'aventure,
Il ne nous faudra point dire notre devoir.
JUPITER.
Oui, vous avez raison et cette ressemblance
A douter de tous deux vous peut autoriser.
Je ne m'offense point de vous voir en balance ;
Je suis plus raisonnable, et sais vous excuser.
L'œil ne peut entre nous faire de différence,
Et je vois qu'aisément on s'y peut abuser.
Vous ne me voyez point témoigner de colère,
Point mettre l'épée à la main ;
C'est un mauvais moyen d'éclaircir ce mystère,
Et j'en puis trouver un plus doux et plus certain.
L'un de nous est Amphitryon ;
Et tous deux à vos yeux nous le pouvons paraître.
C'est à moi de finir cette confusion ;
Et je prétends me faire à tous si bien connaître,
Qu'aux pressantes clartés de ce que je puis être
Lui-même soit d'accord du sang qui m'a fait naître,
Et n'ait plus de rien dire aucune occasion.
C'est aux yeux des Thébains que je veux avec vous

De la vérité pour ouvrir la connaissance ;
Et la chose sans doute est assez d'importance
    Pour affecter la circonstance
    De l'éclaircir aux yeux de tous.
Alcmène attend de moi ce public témoignage ;
Sa vertu que l'éclat de ce désordre outrage,
Veut qu'on la justifie, et j'en vais prendre soin.
C'est à quoi mon amour envers elle m'engage ;
Et des plus nobles chefs je fais un assemblage,
Pour l'éclaircissement dont sa gloire a besoin.
Attendant avec vous ces témoins souhaités,
    Ayez, je vous prie, agréable
    De venir honorer la table
    Où vous a Sosie invités.

        SOSIE.

Je ne me trompais pas, messieurs ; ce mot termine
    Toute l'irrésolution ;
    Le véritable Amphitryon
    Est l'Amphitryon où l'on dîne.

        AMPHITRYON.

O ciel ! puis-je plus bas de me voir humilié !
Quoi ! faut-il que j'entende ici pour mon martyre
Tout ce que l'imposteur à mes yeux vient de dire,
Et que, dans la fureur que ce discours m'inspire,
    On me tienne le bras lié !

        NAUCRATÈS, *à Amphitryon*.

Vous vous plaignez à tort. Permettez-nous d'attendre
    L'éclaircissement qui doit rendre
    Les ressentiments de saison.
    Je ne sais pas s'il impose,
    Mais il parle sur la chose
    Comme s'il avait raison.

        AMPHITRYON.

Allez, faibles amis, et flattez l'imposture :
Thèbes en a pour moi de tout autres que vous ;
Et je vais en trouver qui, partageant l'injure,
Sauront prêter la main à mon juste courroux.

        JUPITER.

Hé bien ! je les attends, et saurai décider
    Le différent en leur présence.

AMPHITRYON.
Fourbe, tu crois par-là peut-être t'évader;
Mais rien ne te saurait priver de ma vengeance.
JUPITER.
A ces injurieux propos
Je ne daigne à présent répondre,
Et tantôt je saurai confondre
Cette fureur avec deux mots.
AMPHITYRYON.
Le ciel même, le ciel ne t'y saurait soustraire;
Et jusques aux enfers j'irai suivre tes pas.
JUPITER.
Il ne sera pas nécessaire;
Et l'on verra tantôt que je ne fuirai pas.
AMPHITRYON, *à part.*
Allons, courons, avant que d'avec eux il sorte,
Assembler des amis qui suivent mon courroux;
Et chez moi venons à main forte
Pour le percer de mille coups

SCENE VI.

JUPITER, NAUCRATÈS, POLIDAS, SOSIE,

JUPITER.
Point de façon, je vous conjure;
Entrons vite dans la maison.
NAUCRATÈS.
Certes, toute cette aventure
Confond le sens et la raison.
SOSIE.
Faites trêve, messieurs, à toutes vos surprises;
Et plein de joie allez tabler jusqu'à demain.
   (*seul.*)
Que je vais m'en donner, et me mettre en beau train
De raconter nos vaillantises!
Je brûle d'en venir aux prises;
Et jamais je n'eus tant de faim.

SCENE VII.

MERCURE, SOSIE.

MERCURE.
Arrête. Quoi ! tu viens ici mettre ton nez.
Impudent flaireur de cuisine !
SOSIE.
Ah ! de grace, tout doux !
MERCURE.
Ah ! vous y retournez !
Je vous ajusterai l'échine.
SOSIE.
Hélas ! brave et généreux moi,
Modère-toi, je t'en supplie.
Sosie, épargne un peu Sosie,
Et ne te plais pas tant à frapper dessus toi.
MERCURE.
Qui de t'appeler de ce nom
A pu te donner la licence?
Ne t'en ai-je pas fait une expresse défense,
Sous peine d'essuyer mille coups de bâton !
SOSIE.
C'est un nom que tous deux nous pouvons à la fois
Posséder sous un même maître.
Pour Sosie en tous lieux on sait me reconnaître ;
Je souffre bien que tu le sois,
Souffre aussi que je le puisse être.
Laissons aux deux Amphitryons
Faire éclater des jalousies ;
Et, parmi leurs contentions,
Faisons en bonne paix vivre les deux Sosies.
MERCURE.
Non, c'est assez d'un seul, et je suis obstiné
A ne point souffrir de partage.
SOSIE.
Du pas devant sur moi tu prendras l'avantage ;
Je serai le cadet, et tu seras l'aîné.
MERCURE.
Non, un frère incommode et n'est pas de mon goût,

ACTE III, SCENE VII.

Et je veux être fils unique.
SOSIE.
O cœur barbare et tyrannique !
Souffre au moins que je sois ton ombre.
MERCURE.
Point du tout.

SOSIE.
Que d'un peu de pitié ton ame s'humanise !
En cette qualité souffre-moi près de toi :
Je te serai partout une ombre si soumise,
Que tu seras content de moi.
MERCURE.
Point de quartier; immuable est la loi.
Si d'entrer là-dedans tu prends encor l'audace,
Mille coups en seront le fruit.
SOSIE.
Las ! à quelle étrange disgrace,
Pauvre Sosie, es-tu réduit !
MERCURE.
Quoi ! ta bouche se licencie
A te donner encore un nom que je défends !
SOSIE.
Non, ce n'est pas moi que j'entends,
Et je parle d'un vieux Sosie
Qui fut jadis de mes parents,
Qu'avec très grande barbarie
A l'heure du dîner l'on chassa de céans.

MERCURE.
Prends garde de tomber dans cette frénésie,
Si tu veux demeurer au nombre des vivants.
SOSIE, *à part.*
Que je te rosserais, si j'avais du courage,
Double fils de putain, de trop d'orgueil enflé !
MERCURE.
Que dis-tu ?
SOSIE.
Rien.
MERCURE.
Tu tiens, je crois, quelque langage.

SOSIE.
Demandez, je n'ai pas soufflé.
MERCURE.
Certain mot de fils de putain
A pourtant frappé mon oreille,
Il n'est rien de plus certain.
SOSIE.
C'est donc un perroquet que le beau temps réveille.
MERCURE.
Adieu. Lorsque le dos pourra te démanger,
Voilà l'endroit où je demeure.
SOSIE, *seul.*
O ciel ! que l'heure de manger
Pour être mis dehors est une maudite heure ?
Allons, cédons au sort dans notre affliction,
Suivons-en aujourd'hui l'aveugle fantaisie;
Et par une juste union ;
Joignons le malheureux Sosie
Au malheureux Amphitryon.
Je l'aperçois venir en bonne compagnie.

SCENE VIII.

AMPHITRYON, ARGATIPHONTIDAS, POSICLÈS,
SOSIE *dans un coin du théâtre, sans être aperçu.*

AMPHITRYON, *à plusieurs autres officiers qui l'accompagnent.*
Arrêtez-là, messieurs ; suivez-nous d'un peu loin,
Et n'avancez tous, je vous prie,
Que quand il en sera besoin.
POSICLÈS.
Je comprends que ce coup doit fort toucher votre ame.
AMPHITRYON.
Ah! de tous les côtés mortelle est ma douleur,
Et je souffre pour ma flamme
Autant que pour mon honneur.
POSICLÈS.
Si cette ressemblance est telle que l'on dit ;
Alcmène, sans être coupable...

ACTE III, SCENE VIII.

AMPHITRYON.

Ah ! sur le fait dont il s'agit,
L'erreur simple devient un crime véritable,
Et sans consentement l'innocence y périt.
De semblables erreurs, quelque jour qu'on leur donne,
Touchent des endroits délicats ;
Et la raison bien souvent les pardonne,
Que l'honneur et l'amour ne les pardonnent pas.

ARGATIPHONTIDAS.

Je n'embarrasse point là-dedans ma pensée :
Mais je hais vos messieurs de leurs honteux délais,
Et c'est un procédé dont j'ai l'ame blessée,
Et que les gens de cœur n'approuveront jamais.
Quand quelqu'un nous emploie, on doit, tête baissée,
Se jeter dans ses intérêts.
Argatiphontidas ne va point aux accords.
Ecouter d'un ami raisonner l'adversaire,
Pour des hommes d'honneur n'est point un coup à faire ;
Il ne faut écouter que la vengeance alors.
Le procès ne me saurait plaire,
Et l'on doit commencer toujours, dans ses transports,
Par bailler, sans autre mystère,
De l'épée au travers du corps.
Oui, vous verrez, quoi qu'il avienne,
Qu'Argatiphontidas marche droit sur ce point ;
Et de vous il faut que j'obtienne
Que le pendard ne meure point
D'une autre main que de la mienne.

AMPHITRYON.

Allons.

SOSIE, à *Amphitryon.*

Je viens, monsieur, subir, à deux genoux,
Le juste châtiment d'une audace maudite.
Frappez, battez, chargez, accablez-moi de coups ;
Tuez-moi dans votre courroux,
Vous ferez bien, je le mérite ;
Et je n'en dirai pas un seul mot contre vous.

AMPHITRYON.

Lève-toi. Que fait-on.

SOSIE.

L'on m'a chassé tout net;
Et, croyant à manger m'aller comme eux ébattre,
Je ne songeais pas qu'en effet
Je m'attendais là pour me battre.
Oui, l'autre moi, valet de l'autre vous, a fait
Tout de nouveau le diable à quatre.
La rigueur d'un pareil destin,
Monsieur, aujourd'hui nous talonne;
Et l'on me dé-Sosie enfin
Comme on vous dés-Amphitryonne.

AMPHITRYON.

Suis-moi.

SOSIE.

N'est-il pas mieux de voir s'il vient personne?

SCENE IX.

CLÉANTHIS, AMPHITRYON, ARGATIPHONTIDAS, POLIDAS, NAUCRATÈS, POSICLÈS, SOSIE.

CLÉANTHIS.

O ciel!

AMPHITRYON.

Qui t'épouvante ainsi?
Quelle est la peur que je t'inspire?

CLÉANTHIS.

Las! vous êtes là-haut, et je vous vois ici!

NAUCRATÈS, à *Amphitryon.*

Ne vous pressez point, le voici
Pour donner devant tous les clartés qu'on désire,
Et qui, si l'on peut croire à ce qu'il vient de dire,
Sauront vous affranchir de trouble et de souci.

SCENE X.

MERCURE, AMPHITRYON, ARGATIPHONTIDAS, POLIDAS, NAUCRATÈS, POSICLÈS, CLÉANTHIS, SOSIE.

MERCURE.

Oui, vous l'allez voir tous; et sachez par avance

ACTE III, SCENE XI.

Que c'est le grand maître des dieux,
Que sous les traits chéris de cette ressemblance
Alcmène a fait du ciel descendre dans ces lieux.
   Et quant à moi, je suis Mercure,
Qui, ne sachant que faire, ait rossé tant soit peu
Celui dont j'ai pris la figure :
Mais de s'en consoler il a maintenant lieu ;
   Et les coups de bâton d'un dieu
   Font honneur à qui les endure.

SOSIE.

Ma foi, monsieur le dieu, je suis votre valet :
Je me serais passé de votre courtoisie.

MERCURE.

Je lui donne à présent congé d'être Sosie,
Je suis las de porter un visage si laid ;
Et je m'en vais au ciel avec de l'ambroisie
   M'en débarbouiller tout à fait.

(Mercure s'envole dans le ciel.)

SOSIE.

Le ciel de m'approcher t'ôte à jamais l'envie !
Ta fureur s'est par trop acharnée après moi ;
   Et je ne vis de ma vie
   Un dieu plus diable que toi.

SCENE XI.

JUPITER, AMPHITRYON, NAUCRATÈS, ARGATIPHONTIDAS, POLIDAS, POSICLÈS, CLÉANTHIS, SOSIE.

JUPITER, *annoncé par le bruit du tonnerre, armé de son foudre, dans un nuage sur son aigle.*

Regarde, Amphitryon, quel est ton imposteur ;
Et, sous tes propres traits, vois Jupiter paraître.
A ces marques tu peux aisément le connaître,
Et c'est assez, je crois, pour remettre ton cœur
   Dans l'état auquel il doit être,
Et rétablir chez toi la paix et la douceur.
Mon nom, qu'incessamment toute la terre adore,
Étouffe ici les bruits qui pouvaient éclater.
   Un partage avec Jupiter

N'a rien du tout qui déshonore ;
Et, sans doute, il ne peut être que glorieux
De se voir le rival du souverain des dieux.
Je n'y vois pour ta flamme aucun lieu de murmure;
    Et c'est moi, dans cette aventure,
Qui, tout dieu que je suis, dois en être jaloux.
Alcmène est toute à toi, quelque soin qu'on emploie;
Et ce doit à tes feux être un objet bien doux
De voir que, pour lui plaire, il n'est point d'autre voie
    Que de paraître son époux ;
Que Jupiter, orné de sa gloire immortelle,
Par lui-même n'a pu triompher de sa foi ;
    Et que ce qu'il a reçu d'elle
N'a, par son cœur ardent, été donné qu'à toi.

SOSIE.

Le seigneur Jupiter sait dorer la pilule.

JUPITER.

Sors donc des noirs chagrins que ton cœur a soufferts,
Et rends le calme entier à l'ardeur qui te brûle ;
Chez toi doit naître un fils qui, sous le nom d'Hercule,
Remplira de ses faits tout le vaste univers.
L'éclat d'une fortune en mille biens féconde
Fera connaître à tous que je suis ton support;
    Et je mettrai tout le monde
    Au point d'envier ton sort.
    Tu peux hardiment te flatter
    De ces espérances données :
    C'est un crime que d'en douter :
    Les paroles de Jupiter
    Sont des arrêts des destinées.

        (*Il se perd dans les nues.*)

NAUCRATÈS.

Certes, je suis ravi de ces marques brillantes...

SOSIE.

Messieurs, voulez-vous bien suivre mon sentiment?
    Ne vous embarquez nullement
    Dans ces douceurs congratulantes,
    C'est un mauvais embarquement ;
Et d'une et d'autre part, pour un tel compliment,
    Les phrases sont embarrassantes.

Le grand dieu Jupiter nous fait beaucoup d'honneur,
Et sa bonté, sans doute, est pour nous sans seconde;
    Il nous promet l'infaillible bonheur
    D'une fortune en mille biens féconde,
Et chez nous il doit naître un fils d'un très grand cœur:
    Tout cela va le mieux du monde.
    Mais enfin coupons aux discours,
Et que chacun chez soi doucement se retire:
    Sur telles affaires toujours
    Le meilleur est de ne rien dire.

FIN D'AMPHITRYON.

GEORGE DANDIN,

ou

LE MARI CONFONDU,

COMÉDIE EN TROIS ACTES.

1668.

PERSONNAGES.

George Dandin, riche paysan, mari d'Angélique.
Angélique, femme de George Dandin, fille de M. de Sotenville.
Monsieur de Sotenville, gentilhomme campagnard, père d'Angélique.
Madame de Sotenville.
Clitandre, amant d'Angélique.
Claudine, suivante d'Angélique.
Lubin, paysan servant Clitandre.
Colin, valet de George Dandin.

La scène est devant la maison de George Dandin à la campagne.

GEORGE DANDIN,
ou
LE MARI CONFONDU.

ACTE PREMIER.

SCÈNE PREMIERE.

GEORGE DANDIN.

Ah! qu'une femme demoiselle est une étrange affaire! et que mon mariage est une leçon bien parlante à tous les paysans qui veulent s'élever au-dessus de leur condition, et s'allier, comme j'ai fait, à la maison d'un gentilhomme! La noblesse de soi est bonne, c'est une chose considérable assurément; mais elle est accompagnée de tant de mauvaises circontances, qu'il est très bon de ne s'y point frotter. Je suis devenu là-dessus savant à mes dépens, et connais le style des nobles lorsqu'ils nous font, nous autres, entrer dans leur famille. L'alliance qu'ils font est petite avec nos personnes, c'est notre bien seul qu'ils épousent; et j'aurais bien mieux fait, tout riche que je suis, de m'allier en bonne et franche paysannerie, que de prendre un femme qui se tient au dessus de moi, s'offense de porter mon nom, et pense qu'avec tout mon bien je n'ai pas assez acheté la qualité de son mari. George Dandin! George Dandin! vous avez fait une sottise, la plus grande du monde. Ma maison m'est effroyable maintenant, et je n'y rentre point sans y trouver quelque chagrin.

SCENE II.
GEORGE DANDIN, LUBIN.

GEORGE DANDIN, *à part, voyant sortir Lubin de chez lui.*

Que diantre ce drôle-là vient-il faire chez moi?

LUBIN, *à part, apercevant George Dandin.*

Voilà un homme qui me regarde!

GEORGE DANDIN, *à part.*

Il ne me connaît pas.

LUBIN, *à part.*

Il se doute de quelque chose.

GEORGE DANDIN, *à part.*

Ouais! il a grand'peine à saluer.

LUBIN, *à part.*

J'ai peur qu'il n'aille dire qu'il m'a vu sortir de là-dedans.

GEORGE DANDIN.

Bon jour.

LUBIN.

Serviteur.

GEORGE DANDIN.

Vous n'êtes pas d'ici, que je crois!

LUBIN.

Non; je n'y suis venu que pour voir la fête de demain.

GEORGE DANDIN.

Hé! dites-moi un peu, s'il vous plaît, vous venez de là-dedans?

LUBIN.

Chut!

GEORGE DANDIN.

Comment?

LUBIN.

Paix!

GEORGE DANDIN.

Quoi donc?

LUBIN.

Motus! il ne faut pas dire que vous m'ayez vu sortir de là.

ACTE I, SCENE II.

GEORGE DANDIN.

Pourquoi?

LUBIN.

Mon Dieu! parce.

GEORGE DANDIN.

Mais encore?

LUBIN.

Doucement, j'ai peur qu'on ne nous écoute.

GEORGE DANDIN.

Point, point.

LUBIN.

C'est que je viens de parler à la maîtresse du logis, de la part d'un certain monsieur qui lui fait les doux yeux; et ne faut pas qu'on sache cela, entendez-vous?

GEORGE DANDIN.

Oui.

LUBIN.

Voilà la raison. On m'a chargé de prendre garde que personne ne me vît; et je vous prie au moins de ne pas dire que vous m'ayez vu.

GEORGE DANDIN.

Je n'ai garde.

LUBIN.

Je suis bien aise de faire les choses secrètement comme on m'a recommandé.

GEORGE DANDIN.

C'est bien fait.

LUBIN.

Le mari à ce qu'ils disent, est un jaloux qui ne veut pas qu'on fasse l'amour à sa femme; et il ferait le diable à quatre si cela venait à ses oreilles. Vous comprenez bien?

GEORGE DANDIN.

Fort bien.

LUBIN.

Il ne faut pas qu'il sache rien de tout ceci.

GEORGE DANDIN.

Sans doute.

LUBIN.

On le veut tromper tout doucement. Vous entendez bien?

GEORGE DANDIN.

Le mieux du monde.

LUBIN.

Si vous alliez dire que vous m'avez vu sortir de chez lui, vous gâteriez toute l'affaire. Vous comprenez bien?

GEORGE DANDIN.

Assurément. Hé! comment nommez-vous celui qui vous a envoyé là-dedans.

LUBIN.

C'est le seigneur de notre pays, monsieur le vicomte de... chose... Foin! je ne me souviens jamais comment diantre ils baragouinent ce nom-là; monsieur Cli... Clitandre.

GEORGE DANDIN.

Est-ce ce jeune courtisan qui demeure...

LUBIN.

Oui, auprès de ces arbres.

GEORGE DANDIN, *à part*.

C'est pour cela que depuis peu ce damoiseau poli s'est venu loger contre moi; j'avais bon nez, sans doute, et son voisinage m'avait déjà donné quelque soupçon.

LUBIN.

Tétigué! c'est le plus honnête homme que vous ayez jamais vu. Il m'a donné trois pièces d'or pour aller dire seulement à la femme qu'il est amoureux d'elle, et qu'il souhaite fort l'honneur de pouvoir lui parler. Voyez s'il y a là une grande fatigue pour me payer si bien; et ce qu'est, au prix de cela une journée de travail où je ne gagne que dix sous.

GEORGE DANDIN.

Hé bien! avez-vous fait votre message!

LUBIN.

Oui: j'ai trouvé là-dedans une certaine Claudine qui, tout du premier coup, a compris ce que je voulais, et qui m'a fait parler à sa maîtresse.

ACTE I, SCENE III.

GEORGE DANDIN, *à part.*

Ah! coquine de servante!

LUBIN.

Morguienne! cette Claudine-là est tout à fait jolie; elle a gagné mon amitié, et il ne tiendra qu'à elle que nous soyons mariés ensemble.

GEORGE DANDIN.

Mais quelle réponse a faite la maîtresse à ce monsieur le courtisan!

LUBIN.

Elle m'a dit de lui dire... attendez, je ne sais si je me souviendrai bien de tout cela : qu'elle lui est tout à fait obligée de l'affection qu'il a pour elle; et qu'à cause de son mari, qui est fantasque, il garde d'en rien faire paraître; et qu'il faudra songer a chercher quelque invention pour se pouvoir entretenir tous deux.

GEORGE DANDIN, *à part.*

Ah! pendarde de femme!

LUBIN.

Tétiguienne! cela sera drôle, car le mari ne se doutera point de la manigance, voilà ce qui est de bon; et il aura un pied de nez avec sa jalousie, est-ce pas?

GEORGE DANDIN.

Cela est vrai.

LUBIN.

Adieu. Bouche cousue, au moins. Gardez bien le secret, afin que le mari ne le sache pas.

GEORGE DANDIN.

Oui, oui.

LUBIN.

Pour moi, je vais faire semblant de rien. Je suis un fin matois, et l'on ne dirait pas que j'y touche.

SCENE III.

GEORGE DANDIN, *seul.*

Hé bien! George Dandin, vous voyez de quel air votre femme vous traite! Voilà ce que c'est que d'avoir voulu épouser une demoiselle! L'on vous accommode de toutes pièces, sans que vous puissiez vous venger, et la gentilhommerie vous tient les bras liés. L'égalité de condition laisse du moins à l'honneur d'un mari la liberté du ressentiment ; et, si c'était une paysanne, vous auriez maintenant toutes vos coudées franches à vous en faire la justice à bons coups de bâton. Mais vous avez voulu tâter de la noblesse, et il vous ennuyait d'être maître chez vous. Ah! j'enrage de tout mon cœur, et je me donnerais volontiers des soufflets. Quoi! écouter impudemment l'amour d'un damoiseau, et y promettre en même temps de la correspondance! Morbleu! je ne veux point laisser passer une occasion de la sorte. Il me faut de ce pas aller faire mes plaintes au père et à la mère, et les rendre témoins, à telle fin que de raison, des sujets de chagrin et de ressentiment que leur fille me donne. Mais les voici l'un et l'autre fort à propos.

SCENE IV.

MONSIEUR DE SOTENVILLE, MADAME DE SOTENVILLE, GEORGE DANDIN.

M. DE SOTENVILLE.
Qu'est-ce, mon gendre? Vous me paraissez tout troublé.

GEORGE DANDIN.
Aussi en ai-je du sujet, et...

MADAME DE SOTENVILLE.
Mon Dieu! notre gendre, que vous avez peu de civilité de ne pas saluer les gens quand vous les approchez!

GEORGE DANDIN.
Ma foi, ma belle-mère, c'est que j'ai d'autres choses en tête; et...

MADAME DE SOTENVILLE.
Encore! Est-il possible, notre gendre, que vous sachiez si peu votre monde, et qu'il n'y ait pas moyen de vous instruire de la manière qu'il faut vivre parmi les personnes de qualité?

ACTE I, SCENE IV.

GEORGE DANDIN.

Comment?

MADAME DE SOTENVILLE.

Ne vous déferez-vous jamais avec moi de la familiarité de ce mot de ma belle-mère? et ne sauriez-vous vous accoutumer à me dire madame?

GEORGE DANDIN.

Parbleu! si vous m'appelez votre gendre, il me semble que je puis vous appeler ma belle-mère.

MADAME DE SOTENVILLE.

Il y a fort à dire, et les choses ne sont pas égales. Apprenez, s'il vous plaît, que ce n'est pas à vous à vous servir de ce mot-là avec une personne de ma condition; que tout notre gendre que vous soyez, il y a grande différence de vous à nous, et que vous devez vous connaître.

M. DE SOTENVILLE.

C'en est assez, m'amour; laissons cela.

MADAME DE SOTENVILLE.

Mon Dieu? monsieur de Sotenville, vous avez des indulgences qui n'appartiennent qu'à vous, et vous ne savez pas vous faire rendre par les gens ce qui vous est dû.

M. DE SOTENVILLE.

Corbleu? pardonnez-moi : on ne peut point me faire de leçons là-dessus; et j'ai su montrer en ma vie par vingt actions de vigueur, que je ne suis point homme à démordre jamais un pouce de mes prétentions: mais il suffit de lui avoir donné un petit avertissement. Sachons un peu, mon gendre, ce que vous avez dans l'esprit.

GEORGE DANDIN.

Puisqu'il faut donc parler catégoriquement, je vous dirai, monsieur de Sotenville, que j'ai lieu de...

M. DE SOTENVILLE.

Doucement, mon gendre; apprenez qu'il n'est pas respectueux d'appeler les gens par leur nom, et qu'à ceux qui sont au-dessus de nous il faut dire monsieur tout court.

GEORGE DANDIN.

Hé bien! monsieur tout court, et non plus monsieur de Sotenville, j'ai à vous dire que ma femme donne...

M. DE SOTENVILLE.

Tout beau! apprenez aussi que vous ne devez pas dire ma femme quand vous parlez de notre fille.

GEORGE DANDIN.

J'enrage! Comment! ma femme n'est pas ma femme?

MADAME DE SOTENVILLE.

Oui, notre gendre, elle est votre femme; mais il ne vous est pas permis de l'appeler ainsi, et c'est tout ce que vous pourriez faire si vous aviez épousé une de vos pareilles.

GEORGE DANDIN, *à part*.

Ah! George Dandin, où t'es-tu fourré? (*haut*.) Hé! de grace, mettez pour un moment votre gentilhommerie à côté, et souffrez que je vous parle maintenant comme je pourrai. (*à part*.) Au diantre soit la tyrannie de toutes ces histoires-là! (*à M. de Sotenville*.) Je vous dis donc que je suis mal satisfait de mon mariage.

M. DE SOTENVILLE.

Et la raison, mon gendre?

MADAME DE SOTENVILLE.

Quoi! parler ainsi d'une chose dont vous avez tiré de si grands avantages!

GEORGE DANDIN.

Et quels avantages, madame? puisque madame y a. L'aventure n'a pas été mauvaise pour vous; car sans moi vos affaires, avec votre permission, étaient fort délabrées, et mon argent a servi à reboucher d'assez bons trous: mais moi, de quoi y ai-je profité, je vous prie, que d'un alongement de nom, et, au lieu de George Dandin, d'avoir reçu par vous le titre de M. de la Dandinière?

M. DE SOTENVILLE.

Ne comptez-vous pour rien, mon gendre, l'avantage d'être allié à la maison de Sotenville?

ACTE I, SCENE IV.

MADAME DE SOTENVILLE.

Et à celle de la Prudoterie, dont j'ai l'honneur d'être issue; maison où le ventre anoblit, et qui par ce beau privilège rendra vos enfants gentilshommes?

GEORGE DANDIN.

Oui, voilà qui est bien, mes enfants seront gentilshommes; mais je serai cocu, moi, si l'on n'y met ordre.

M. DE SOTENVILLE.

Que veut dire cela, mon gendre?

GEORGE DANDIN.

Cela veut dire que votre fille ne vit pas comme il faut qu'une femme vive, et qu'elle fait des choses qui sont contre l'honneur.

MADAME DE SOTENVILLE.

Tout beau! prenez garde à ce que vous dites. Ma fille est d'une race trop pleine de vertu pour se porter jamais à faire aucune chose dont l'honnêteté soit blessée; et, de la maison de la Prudoterie, il y a plus de trois cents ans qu'on n'a point remarqué qu'il y ait eu une femme, Dieu merci, qui ait fait parler d'elle.

M. DE SOTENVILLE.

Corbleu! dans la maison de Sotenville on n'a jamais vu de coquette; et la bravoure n'y est pas plus héréditaire aux mâles, que la chasteté aux femelles.

MADAME DE SOTENVILLE.

Nous avons eu une Jacqueline de la Prudoterie qui ne voulut jamais être la maîtresse d'un duc et pair, gouverneur de notre province.

M. DE SOTENVILLE.

Il y a eu une Mathurine de Sotenville qui refusa vingt mille écus d'un favori du roi, qui ne demandait seulement que la faveur de lui parler!

GEORGE DANDIN.

Oh bien! votre fille n'est pas si difficile que cela, et elle s'est apprivoisée depuis qu'elle est chez moi.

M. DE SOTENVILLE.

Expliquez-vous, mon gendre. Nous ne sommes point gens à la supporter dans de mauvaises actions; et nous serons les premiers, sa mère et moi, à vous en faire la justice.

MADAME DE SOTENVILLE.

Nous n'entendons point raillerie sur les matières de l'honneur, et nous l'avons élevée dans toute la sévérité possible.

GEORGE DANDIN.

Tout ce que je vous puis dire, c'est qu'il y a ici un certain courtisan que vous avez vu, qui est amoureux d'elle à ma barbe, et qui lui a fait faire des protestations d'amour, qu'elle a très humainement écoutées.

MADAME DE SOTENVILLE.

Jour de Dieu! je l'étranglerais de mes propres mains, s'il fallait qu'elle forlignât de l'honnêteté de sa mère.

M. DE SOTENVILLE.

Corbleu! je lui passerais mon épée au travers du corps, à elle et au galant, si elle avait forfait à son honneur.

GEORGE DANDIN.

Je vous ai dit ce qui se passe, pour vous faire mes plaintes; et je vous demande raison de cette affaire-là.

M. DE SOTENVILLE.

Ne vous tourmentez point, je vous la ferai de tous deux? et je suis homme pour serrer le bouton à quique ce puisse être. Mais êtes-vous bien sûr aussi de ce que vous nous dites?

GEORGE DANDIN.

Très sûr.

M. DE SOTENVILLE.

Prenez bien garde, au moins; car, entre gentilshommes, ce sont des choses chatouilleuses, et il n'est pas question d'aller faire ici un pas de clerc.

GEORGE DANDIN.

Je ne vous ai rien dit, vous dis-je, qui ne soit véritable.

M. DE SOTENVILLE.

M'amour, allez-vous-en parler à votre fille, tandis qu'avec mon gendre j'irai parler à l'homme.

ACTE I, SCENE V.

MADAME DE SOTENVILLE.

Se pourrait-il, mon fils, qu'elle s'oubliât de la sorte, après le sage exemple que vous savez vous-même que je lui ai donné!

M. DE SOTENVILLE.

Nous allons éclaircir l'affaire. Suivez-moi, mon gendre, et ne vous mettez pas en peine. Vous verrez de quel bois nous nous chauffons, lorsqu'on s'attaque à ceux qui nous peuvent appartenir.

GEORGE DANDIN.

Le voici qui vient vers nous.

SCENE V.

MONSIEUR DE SOTENVILLE, CLITANDRE, GEORGE DANDIN.

M. DE SOTENVILLE.

Monsieur! suis-je connu de vous?

CLITANDRE.

Non pas, que je sache, monsieur.

M. DE SOTENVILLE.

Je m'appelle le baron de Sotenville.

CLITANDRE.

Je m'en réjouis fort.

M. DE SOTENVILLE.

Mon nom est connu à la cour; et j'eus l'honneur, dans ma jeunesse, de me signaler des premiers à l'arrière-ban de Nancy.

CLITANDRE.

A la bonne heure.

M. DE SOTENVILLE.

Monsieur mon père, Jean-Gilles de Sotenville, eut la gloire d'assister en personne au grand siège de Montauban.

CLITANDRE.

J'en suis ravi.

M. DE SOTENVILLE.

Et j'ai eu un aïeul, Bertrand de Sotenville, qui fut si considéré en son temps, que d'avoir permission de vendre tout son bien pour le voyage d'outre-mer.

CLITANDRE.

Je le veux croire.

M. DE SOTENVILLE.

Il m'a été rapporté, monsieur, que vous aimez et poursuivez une jeune personne qui est ma fille, pour laquelle je m'intéresse, (*montrant Georges D'andin*) et pour l'homme que vous voyez, qui a l'honneur d'être mon gendre.

CLITANDRE.

Qui? moi?

M. DE SOTENVILLE.

Oui ; et je suis bien aise de vous parler, pour tirer de vous, s'il vous plaît, un éclaircissement de cette affaire.

CLITANDRE.

Voilà une étrange médisance ! Qui vous a dit cela, monsieur?

M. DE SOTENVILLE.

Quelqu'un qui croit le bien savoir.

CLITANDRE.

Ce quelqu'un-là en a menti. Je suis honnête homme, Me croyez-vous capable, monsieur, d'une action aussi lâche que celle-là? Moi, aimer une jeune et belle personne qui a l'honneur d'être la fille de monsieur le baron de Sotenville ! je vous révère trop pour cela, et suis trop votre serviteur ! Quiconque vous l'a dit est un sot.

M. DE SOTENVILLE.

Allons, mon gendre.

GEORGE DANDIN.

Quoi?

CLITANDRE.

C'est un coquin et un maraud.

M. DE SOTENVILLE, *à George Dandin.*

Répondez.

GEORGE DANDIN.

Répondez vous-même.

CLITANDRE.

Si je savais qui ce peut être, je lui donnerais, en votre présence, de l'épée dans le ventre.

M. DE SOTENVILLE, *à George Dandin.*
Soutenez donc la chose.

GEORGE DANDIN.
Elle est toute soutenue. Cela est vrai.

CLITANDRE.
Est-ce votre gendre, monsieur, qui....?

M. DE SOTENVILLE.
Oui, c'est lui-même qui s'en est plaint à moi.

CLITANDRE.
Certes, il peut remercier l'avantage qu'il a de vous appartenir; et sans cela je lui apprendrais bien à tenir de pareils discours d'une personne comme moi.

SCENE VI.
MONSIEUR et MADAME DE SOTENVILLE, ANGELIQUE, CLITANDRE, GEORGE DANDIN, CLAUDINE.

MADAME DE SOTENVILLE.
Pour ce qui est de cela, la jalousie est une étrange chose! J'amène ici ma fille pour éclaircir l'affaire en présence de tout le monde.

CLITANDRE, *à Angélique.*
Est-ce donc vous, madame, qui avez dit à votre mari que je suis amoureux de vous?

ANGELIQUE
Moi? Hé! comment lui aurais-je dit? Est-ce que cela est? Je voudrais bien le voir, vraiment, que vous fussiez amoureux de moi. Jouez-vous-y, je vous en prie; vous trouverez à qui parler : c'est une chose que je vous conseille de faire. Ayez recours, pour voir, à tous les détours des amants : essayez un peu, par plaisir, à m'envoyer des ambassades, à m'écrire secrètement de petits billets doux, à épier les moments que mon mari n'y sera pas, ou le temps que je sortirai, pour me parler de votre amour; vous n'avez qu'à y venir, je vous promets que vous serez reçu comme il faut.

CLITANDRE.
Hé! là, là, madame, tout doucement. Il n'est pas nécessaire de me faire tant de leçons, et de vous tant

scandaliser. Qui vous dit que je songe à vous aimer?
ANGÉLIQUE.
Que sais-je, moi, ce qu'on vient me conter ici?
CLITANDRE.
On dira ce que l'on voudra; mais vous savez si je vous ai parlé d'amour lorsque je vous ai rencontrée.
ANGÉLIQUE.
Vous n'aviez qu'à le faire, vous auriez été bien venu.
CLITANDRE.
Je vous assure qu'avec moi vous n'avez rien à craindre; que je ne suis point homme à donner du chagrin aux belles; et que je vous respecte trop, et vous, et messieurs vos parents, pour avoir la pensée d'être amoureux de vous.
MADAME DE SOTENVILLE, *à George Dandin.*
Hé bien! vous le voyez.
M. DE SOTENVILLE.
Vous voilà satisfait, mon gendre. Que dites-vous à cela?
GEORGE DANDIN.
Je dis que ce sont là des contes à dormir debout; que je sais bien ce que je sais; et que tantôt, puisqu'il faut parler net, elle a reçu une ambassade de sa part.
ANGÉLIQUE.
Moi? j'ai reçu une ambassade?
CLITANDRE.
J'ai envoyé une ambassade.
ANGÉLIQUE.
Claudine?
CLITANDRE, *à Claudine.*
Est-il vrai?
CLAUDINE.
Par ma foi, voilà une étrange fausseté.
GEORGE DANDIN.
Taisez-vous, carogne que vous êtes. Je sais de vos nouvelles; et c'est vous qui tantôt avez introduit le courrier.

CLAUDINE.
Qui? moi?
GEORGE DANDIN.
Oui, vous. Ne faites point tant la sucrée.
CLAUDINE.
Hélas! que le monde aujourd'hui est rempli de méchanceté, de m'aller soupçonner ainsi, moi qui suis l'innocence même!
GEORGE DANDIN.
Taisez-vous, bonne pièce. Vous faites la sournoise, mais je vous connais il y a long-temps; et vous êtes une dessalée.
CLAUDINE, à *Angélique.*
Madame, est-ce que...?
GEORGE DANDIN.
Taisez-vous, vous dis-je; vous pourriez bien porter la folle enchère de tous les autres, et vous n'avez point de père gentilhomme.
ANGÉLIQUE.
C'est une imposture si grande, qui me touche si fort au cœur, que je ne puis pas même avoir la force d'y répondre. Cela est bien horrible d'être accusée par un mari, lorsqu'on ne lui fait rien qui ne soit à faire! Hélas! si je suis blâmable de quelque chose, c'est d'en user trop bien avec lui.
CLAUDINE.
Assurément.
ANGÉLIQUE.
Tout mon malheur est de le trop considérer, et plût au ciel que je fusse capable de souffrir, comme il dit, les galanteries de quelqu'un! je ne serais point tant à plaindre. Adieu, je me retire; je ne puis plus endurer qu'on m'outrage de cette sorte.

SCÈNE VII.

MONSIEUR et MADAME DE SOTENVILLE, CLITANDRE, GEORGE DANDIN, CLAUDINE.

MADAME DE SOTENVILLE, à *George Dandin.*
Allez, vous ne méritez pas l'honnête femme qu'on vous a donnée.

CLAUDINE.

Par ma foi, il mériterait qu'elle lui fît dire vrai; et, si j'étais en sa place, je n'y marchanderais pas. (*à Clitandre.*) Oui, Monsieur, vous devez, pour le punir, faire l'amour à ma maîtresse. Poussez, c'est moi qui vous le dis, ce sera fort bien employé; et je m'offre à vous y servir, puisqu'il m'en a déjà taxée.

(*Claudine sort.*)

M. DE SOTENVILLE.

Vous méritez, mon gendre, qu'on vous dise ces choses-là; et votre procédé met tout le monde contre vous.

MADAME DE SOTENVILLE.

Allez, songez à mieux traiter une demoiselle bien née; et prenez garde desormais à ne plus faire de pareilles bévues.

GEORGE DANDIN, *à part.*

J'enrage de bon cœur d'avoir tort lorsque j'ai raison.

SCÈNE VIII.
MONSIEUR DE SOTENVILLE, CLITANDRE, GEORGE DANDIN.

CLITANDRE, *à monsieur de Sotenville.*

Monsieur, vous voyez comme j'ai été faussement accusé : vous êtes homme qui savez les maximes du point d'honneur; et je vous demande raison de l'affront qui m'a été fait.

M. DE SOTENVILLE.

Cela est juste, et c'est l'ordre des procédés. Allons, mon gendre, faites satisfaction à monsieur.

GEORGE DANDIN.

Comment! satisfaction?

M. DE SOTENVILLE.

Oui, cela se doit dans les règles, pour l'avoir à tort accusé.

GEORGE DANDIN.

C'est une chose, moi, dont je ne demeure pas d'accord, de l'avoir à tort accusé; et je sais bien ce que j'en pense.

ACTE I, SCENE VIII.

M. DE SOTENVILLE.

Il n'importe. Quelque pensée qui vous puisse rester, il a nié, c'est satisfaire les personnes ; et l'on n'a nul droit de se plaindre de tout homme qui se dédit.

GEORGE DANDIN.

Si bien donc que, si je le trouvais couché avec ma femme, il en serait quitte pour se dédire?

M. DE SOTENVILLE.

Point de raisonnement. Faites-lui les excuses que je vous dis.

GEORGE DANDIN.

Moi, je lui ferai encore des excuses après...!

M. DE SOTENVILLE.

Allons, vous dis-je, il n'y a rien à balancer ; et vous n'avez que faire d'avoir peur d'en trop faire, puisque c'est moi qui vous conduis.

GEORGE DANDIN.

Je ne saurais...

M. DE SOTENVILLE.

Corbleu! mon gendre, ne m'échauffez pas la bile. Je me mettrais avec lui contre vous. Allons, laissez-vous gouverner par moi.

GEORGE DANDIN, *à part.*

Ah! George Dandin!

M. DE SOTENVILLE.

Votre bonnet à la main le premier ; monsieur est gentilhomme, et vous ne l'êtes pas.

GEORGE DANDIN, *à part, le bonnet à la main.*

J'enrage!

M. DE SOTENVILLE.

Répétez après moi... Monsieur...

GEORGE DANDIN.

Monsieur...

M. DE SOTENVILLE.

Je vous demande pardon. (*voyant que George Dandin fait difficulté de lui obéir.*) Ah!

GEORGE DANDIN.

Je vous demande pardon...

M. DE SOTENVILLE.
Des mauvaises pensées que j'ai eues de vous.
GEORGE DANDIN.
Des mauvaises pensées que j'ai eues de vous.
M. DE SOTENVILLE.
C'est que je n'avais pas l'honneur de vous connaître.
GEORGE DANDIN.
C'est que je n'avais pas l'honneur de vous connaître.
M. DE SOTENVILLE.
Et je vous prie de croire...
GEORGE DANDIN.
Et je vous prie de croire...
M. DE SOTENVILLE.
Que je suis votre serviteur.
GEORGE DANDIN.
Voulez-vous que je sois le serviteur d'un homme qui me veut faire cocu!

M. DE SOTENVILLE, *le menaçant encore.*
Ah!

CLITANDRE.
Il suffit, monsieur.

M. DE SOTENVILLE.
Non, je veux qu'il achève, et que tout aille dans les formes... Que je suis votre serviteur.

GEORGE DANDIN.
Que je suis votre serviteur.

CLITANDRE, *à George Dandin.*
Monsieur, je suis le vôtre de tout mon cœur, et je ne songe plus à ce qui s'est passé. (*à M. de Sotenville.*) Pour vous, monsieur, je vous donne le bon jour, et suis fâché du petit chagrin que vous avez eu.

M. DE SOTENVILLE.
Je vous baise les mains; et, quand il vous plaira, je vous donnerai le divertissement de courre un lièvre.

CLITANDRE.
C'est trop de grace que vous me faites.
(*Clitandre sort.*)

M. DE SOTENVILLE.
Voilà, mon gendre, comme il faut pousser les

choses. Adieu. Sachez que vous êtes entré dans une famille qui vous donnera de l'appui, et ne souffrira point que l'on vous fasse aucun affront.

SCENE IX.

GEORGE DANDIN, *seul*.

Ah! que je... Vous l'avez voulu, vous l'avez voulu, George Dandin, vous l'avez voulu; cela vous sied fort bien, et vous voilà ajusté comme il faut : vous avez justement ce que vous méritez. Allons, il s'agit seulement de désabuser le père et la mère ; et je pourrai trouver quelque moyen d'y réussir.

FIN DU PREMIER ACTE.

ACTE II.

SCÈNE PREMIÈRE.

CLAUDINE, LUBIN.

CLAUDINE.
Oui, j'ai bien deviné qu'il fallait que cela vînt de toi, et que tu l'eusses dit à quelqu'un qui l'ait rapporté à notre maître.

LUBIN.
Par ma foi, je n'en ai touché qu'un petit mot en passant à un homme, afin qu'il ne dît point qu'il m'avait vu sortir; et il faut que les gens, en ce pays-ci, soient de grands babillards.

CLAUDINE.
Vraiment ce monsieur le vicomte a bien choisi son monde, que de te prendre pour son ambassadeur; et il s'est allé servir là d'un homme bien chanceux.

LUBIN.
Va, une autre fois je serai plus fin, et je prendrai mieux garde à moi.

CLAUDINE.
Oui, oui, il sera temps.

LUBIN.
Ne parlons plus de cela. Ecoute.

CLAUDINE.
Que veux-tu que j'écoute?

LUBIN.
Tourne un peu ton visage devers moi.

CLAUDINE.
Hé bien ! qu'est-ce ?

LUBIN.
Claudine.

CLAUDINE.
Quoi ?

LUBIN.
Hé! là! ne sais-tu pas bien ce que je veux dire!

CLAUDINE.
Non.

LUBIN.
Morgué! je t'aime.

CLAUDINE.
Tout de bon?

LUBIN.
Oui! le diable m'emporte! tu me peux croire, puisque j'en jure.

CLAUDINE.
A la bonne heure.

LUBIN.
Je me sens tout tribouiller le cœur quand je te regarde.

CLAUDINE.
Je m'en réjouis.

LUBIN.
Comment est-ce que tu fais pour être si jolie?

CLAUDINE.
Je fais comme font les autres.

LUBIN.
Vois-tu, il ne faut point tant de beurre pour faire un quarteron; si tu veux tu seras ma femme, je serai ton mari; et nous serons tous deux mari et femme.

CLAUDINE.
Tu serais peut-être jaloux comme notre maître.

LUBIN.
Point.

CLAUDINE.
Pour moi, je hais les maris soupçonneux, et j'en veux un qui ne s'épouvante de rien, un si plein de confiance et si sûr de ma chasteté, qu'il me vît sans inquiétude au milieu de trente hommes.

LUBIN.
Hé bien! je serai tout comme cela.

CLAUDINE.
C'est la plus sotte chose du monde que de se défier d'une femme, de la tourmenter. La vérité de l'af-

faire est qu'on n'y gagne rien de bon : cela nous fait songer à mal; ce sont souvent les maris qui, avec leurs vacarmes, se font eux-mêmes ce qu'ils sont.

LUBIN.

Hé bien! je te donnerai la liberté de faire tout ce qu'il te plaira.

CLAUDINE.

Voilà comme il faut faire pour n'être point trompé. Lorsqu'un mari se met à notre discrétion, nous ne prenons de liberté que ce qu'il nous en faut; et il en est comme avec ceux qui nous ouvrent leur bourse, et nous disent : Prenez : nous en usons honnêtement, et nous nous contentons de la raison. Mais ceux qui nous chicanent, nous nous efforçons de les tondre, et nous ne les épargnons point.

LUBIN.

Va, je serai de ceux qui ouvrent leur bourse, et tu n'as qu'à te marier avec moi.

CLAUDINE.

Hé bien! bien, nous verrons.

LUBIN.

Viens donc ici, Claudine.

CLAUDINE.

Que veux-tu?

LUBIN.

Viens, te dis-je.

CLAUDINE.

Ah! doucement. Je n'aime pas les patineurs.

LUBIN.

Hé! un petit brin d'amitié.

CLAUDINE.

Laisse-moi là, te dis-je, je n'entends pas raillerie.

LUBIN.

Claudine.

CLAUDINE, *repoussant Lubin.*

Haï!

LUBIN.

Ah! que tu es rude à pauvres gens! Fi! que cela

est malhonnête de refuser les personnes! N'as-tu point de honte d'être belle, et de ne vouloir pas qu'on te caresse? Hé! là!

CLAUDINE.

Je te donnerai sur le nez.

LUBIN.

Oh! la farouche! la sauvage! Fi! pouas! la vilaine, qui est cruelle!

CLAUDINE.

Tu t'émancipes trop.

LUBIN.

Qu'est-ce que cela te coûterait de me laisser un peu faire?

CLAUDINE.

Il faut que tu te donnes patience.

LUBIN.

Un petit baiser seulement, en rabattant sur notre mariage.

CLAUDINE.

Je suis votre servante.

LUBIN.

Claudine, je t'en prie, sur l'et tant moins.

CLAUDINE.

Hé! que nenni. J'y ai déjà été attrapée. Adieu. Va-t'en et dis à monsieur le vicomte que j'aurai soin de rendre son billet.

LUBIN.

Adieu, beauté, rude ânière.

CLAUDINE.

Le mot est amoureux.

LUBIN.

Adieu, rocher, caillou, pierre de taille, et tout ce qu'il y a de plus dure au monde.

CLAUDINE, *seule*.

Je vais remettre aux mains de ma maîtresse... Mais la voici avec son mari : éloignons-nous, et attendons qu'elle soit seule.

SCENE II.
GEORGE DANDIN, ANGÉLIQUE.

GEORGE DANDIN.

Non, non, on ne m'abuse pas avec tant de facilité; et je ne suis que trop certain que le rapport que l'on m'a fait est véritable. J'ai de meilleurs yeux qu'on ne pense, et votre galimatias ne m'a point tantôt ébloui.

SCENE III.
CLITANDRE, ANGÉLIQUE, GEORGE DANDIN.

CLITANDRE, *à part, dans le fond du théâtre.*
Ah! la voilà; mais le mari est avec elle.

GEORGE DANDIN, *sans voir Clitandre.*
Au travers de toutes vos grimaces, j'ai vu la vérité de ce que l'on m'a dit, et le peu de respect que vous avez pour le nœud qui nous joint. (*Clitandre et Angélique se saluent.*) Mon Dieu! laissez-là votre révérence; ce n'est pas de ces sortes de respects dont je vous parle, et vous n'avez que faire de vous moquer.

ANGÉLIQUE.
Moi, me moquer! en aucune façon.

GEORGE DANDIN.
Je sais votre pensée, et connais... (*Clitandre et Angélique se saluent encore.*) Encore! Ah! ne raillons point davantage. Je n'ignore pas qu'à cause de votre noblesse vous me tenez fort au dessous de vous: et le respect que je veux dire ne regarde point ma personne; j'entends parler de celui que vous devez à des nœuds aussi vénérables que le sont ceux du mariage. (*Angélique fait signe à Clitandre.*) Il ne faut point lever les épaules, et je ne dis point de sottises.

ANGÉLIQUE.
Qui songe à lever les épaules!

GEORGES DANDIN.
Mon Dieu! nous voyons clair. Je vous dis, encore

une fois, que le mariage est une chaîne à laquelle on doit porter tout le respect; et que c'est fort mal fait à vous d'en user comme vous le faites. (*Angélique fait signe à Clitandre.*) Oui, oui, mal fait à vous; et vous n'avez que faire de hocher la tête et de me faire la grimace.

ANGÉLIQUE.

Moi? je ne sais ce que vous voulez dire.

GEORGE DANDIN.

Je le sais fort bien, moi; et vos mépris me sont connus. Si je ne suis pas né noble, au moins suis-je d'une race où il n'y a point de reproche; et la famille des Daudins...

CLITANDRE, *derrière Angélique, sans être aperçu de George Dandin.*

Un moment d'entretien.

GEORGE DANDIN, *sans voir Clitandre.*

Hé !

ANGÉLIQUE.

Quoi? je ne dis mot.

(*George Dandin tourne autour de sa femme, et Clitandre se retire en faisant une grande révérence à George Dandin.*)

SCENE IV.

GEORGE DANDIN, ANGÉLIQUE.

GEORGE DANDIN.

Le voilà qui vient rôder autour de vous.

ANGÉLIQUE.

Hé bien ! est-ce ma faute? Que voulez-vous que j'y fasse?

GEORGE DANDIN.

Je veux que vous y fassiez ce que fait une femme qui ne veut plaire qu'à son mari. Quoi qu'on en puisse dire, les galants n'obsèdent jamais que quand on le veut bien : il y a un certain air doucereux qui les attire; ainsi que le miel fait les mouches; et les honnêtes femmes ont des manières qui les savent chasser d'abord.

ANGÉLIQUE.

Moi, les chasser! et par quelle raison? Je ne me scandalise point qu'on me trouve bien faite; et cela me fait du plaisir.

GEORGE DANDIN.

Oui! Mais quel personnage voulez-vous que joue un mari pendant cette galanterie?

ANGÉLIQUE.

Le personnage d'un honnête homme, qui est bien aise de voir sa femme considérée.

GEORGE DANDIN.

Je suis votre valet. Ce n'est pas là mon compte, et les Dandins ne sont point accoutumés à cette mode-là.

ANGÉLIQUE.

Oh! les Dandins s'y accoutumeront s'ils veulent; car pour moi je vous déclare que mon dessein n'est pas de renoncer au monde et de m'enterrer toute vive dans un mari. Comment! parce qu'un homme s'avise de nous épouser, il faut d'abord que toutes choses soient finies pour nous, et que nous rompions tout commerce avec les vivants! c'est une chose merveilleuse que cette tyrannie de messieurs les maris; et je les trouve bons de vouloir qu'on soit morte à tous les divertissements, et qu'on ne vive que pour eux! Je me moque de cela, et ne veux point mourir si jeune.

GEORGE DANDIN.

C'est ainsi que vous satisfaites aux engagements de la foi que vous m'avez donnée publiquement?

ANGÉLIQUE.

Moi? je ne vous l'ai point donnée de bon cœur, et vous me l'avez arrachée. M'avez-vous avant le mariage demandé mon consentement, et si je voulais bien de vous? Vous n'avez consulté pour cela que mon père et ma mère : ce sont eux proprement qui vous ont épousé; et c'est pourquoi vous ferez bien de vous plaindre toujours à eux des torts que l'on pourra vous faire. Pour moi, qui ne vous ai point dit de vous marier avec moi, et que vous avez prise sans consulter mes sentiments, je prétends n'être point obligée à me soumettre en esclave à vos volontés; et je veux jouir, s'il vous plaît, de quelque nombre de beaux jours que m'offre la jeunesse, prendre les douces libertés que l'âge me permet, voir un peu le beau monde, et goûter le plaisir de m'ouïr dire des douceurs. Préparez-vous-y pour votre punition, et rendez graces au ciel de ce que je ne suis pas capable de quelque chose de pis.

GEORGE DANDIN.

Oui ! c'est ainsi que vous le prenez ! Je suis votre mari, et je vous dis que je n'entends pas cela.

ANGÉLIQUE.

Moi, je suis votre femme, et je vous dis que je l'entends.

GEORGE DANDIN, *à part.*

Il me prend des tentations d'accommoder tout son visage à la compote, et le mettre en état de ne plaire de sa vie aux diseurs de fleurettes. Ah ! allons, George Dandin ; je ne pourrais me retenir, et il vaut mieux quitter la place.

SCENE V.

ANGÉLIQUE, CLAUDINE.

CLAUDINE.

J'avais, madame, impatience qu'il s'en allât, pour vous rendre ce mot de la part que vous savez.

ANGÉLIQUE.

Voyons.

CLAUDINE, *à part.*

A ce que je puis remarquer, ce qu'on lui écrit ne lui déplaît pas trop.

ANGÉLIQUE.

Ah ! Claudine, que ce billet s'explique d'une façon galante ! Que dans tous leurs discours et dans toutes leurs actions les gens de cour ont un air agréable ! et qu'est-ce que c'est auprès d'eux que nos gens de province ?

CLAUDINE.

Je crois qu'après les avoir vus les Dandins ne vous plaisent guère.

ANGELIQUE.

Demeure ici, je m'en vais faire la réponse.

CLAUDINE, *seule*.

Je n'ai pas besoin, que je pense, de lui recommander de la faire agréable. Mais voici...

SCÈNE VI.

CLITANDRE, LUBIN, CLAUDINE.

CLAUDINE.

Vraiment, monsieur, vous avez pris là un habile messager !

CLITANDRE.

Je n'ai pas osé envoyer de mes gens. Mais, ma pauvre Claudine, il faut que je te récompense des bons offices que je sais que tu m'as rendus.

(*Il fouille dans sa poche.*)

CLAUDINE.

Hé ! monsieur, il n'est pas nécessaire. Non, monsieur, vous n'avez que faire de vous donner cette peine-là; et je vous rends service parce que vous le méritez ; et je me sens au cœur de l'inclination pour vous.

CLITANDRE, *donnant de l'argent à Claudine*.

Je te suis obligé.

LUBIN, *à Claudine*.

Puisque nous serons mariés, donne-moi cela que je le mette avec le mien.

CLAUDINE.

Je te le garde aussi bien que le baiser.

CLITANDRE, *à Claudine*.

Dis-moi, as-tu rendu mon billet à ta belle maîtresse ?

CLAUDINE.

Oui ; elle est allée y répondre.

CLITANDRE.

Mais, Claudine, n'y a-t-il pas moyen que je la puisse entretenir?

CLAUDINE.

Oui; venez avec moi, je vous ferai parler à elle.

CLITANDRE.

Mais le trouvera-t-elle bon? et n'y a-t-il rien à risquer?

CLAUDINE.

Non, non. Son mari n'est pas au logis : et puis, ce n'est pas lui qu'elle a le plus à ménager, c'est son père et sa mère; et pourvu qu'ils soient prévenus, tout le reste n'est point à craindre.

CLITANDRE.

Je m'abandonne à ta conduite.

LUBIN, *seul*.

Têtiguenne! que j'aurai là une habile femme! Elle a de l'esprit comme quatre.

SCENE VII.

GEORGE DANDIN, LUBIN.

GEORGE DANDIN, *bas, à part*.

Voici mon homme de tantôt. Plût au ciel qu'il pût se résoudre à vouloir rendre témoignage au père et à la mère de ce qu'ils ne veulent point croire!

LUBIN.

Ah! vous voilà, monsieur le babillard, à qui j'avais tant recommandé de ne point parler, et qui me l'aviez tant promis! Vous êtes donc un causeur, et vous allez redire ce que l'on vous dit en secret?

GEORGE DANDIN.

Moi?

LUBIN.

Oui; vous avez été tout rapporter au mari, et vous êtes cause qu'il a fait du vacarme. Je suis bien aise de savoir que vous avez de la langue, et cela m'apprendra à ne vous plus rien dire.

GEORGE DANDIN.

Écoute, mon ami.

LUBIN.

Si vous n'aviez point habillé, je vous aurais conté ce qui se passe à cette heure; mais, pour votre punition, vous ne saurez rien du tout.

GEORGE DANDIN.

Comment? qu'est-ce qui se passe?

LUBIN.

Rien, rien. Voilà ce que c'est d'avoir causé; vous n'en tâterez plus, et je vous laisse sur la bonne bouche.

GEORGE DANDIN.

Arrête un peu.

LUBIN.

Point.

GEORGE DANDIN.

Je ne te veux dire qu'un mot.

LUBIN.

Nennin, nennin. Vous avez envie de me tirer les vers du nez.

GEORGE DANDIN.

Non, ce n'est pas cela.

LUBIN.

Hé! quelque sot... Je vous vois venir.

GEORGE DANDIN.

C'est autre chose. Écoute.

LUBIN.

Point d'affaire. Vous voudriez que je vous dise que monsieur le vicomte vient de donner de l'argent à Claudine, et qu'elle l'a mené chez sa maîtresse. Mais je ne suis pas si bête.

GEORGE DANDIN.

De grace.

LUBIN.

Non.

GEORGE DANDIN.

Je te donnerai...

LUBIN.

Tarare.

SCENE VIII.

GEORGE DANDIN, seul.

Je n'ai pu me servir, avec cet innocent, de la pensée que j'avais. Mais le nouvel avis qui lui est échappé ferait la même chose; et, si le galant est chez moi, ce serait pour avoir raison aux yeux du père et de la mère, et les convaincre pleinement de l'effronterie de leur fille. Le mal de tout ceci, c'est que je ne sais comment faire pour profiter d'un tel avis. Si je rentre chez moi, je ferai évader le drôle; et, quelque chose que je puisse voir moi-même de mon déshonneur, je n'en serai point cru à mon serment, et l'on me dira que je rêve. Si, d'autre part, je vais quérir beau père et belle-mère sans être sûr de trouver chez moi le galant, ce sera la même chose, et je retomberai dans l'inconvénient de tantôt. Pourrais-je point m'éclaircir doucement s'il y est encore? (*après avoir été regarder par le trou de la serrure.*) Ah, ciel! il n'en faut plus douter, et je viens de l'apercevoir par le trou de la porte. Le sort me donne ici de quoi confondre ma partie; et, pour achever l'aventure, il fait venir à point nommé les juges dont j'avais besoin.

SCÈNE IX.

MONSIEUR et MADAME DE SOTENVILLE, GEORGE DANDIN.

GEORGE DANDIN.

Enfin, vous ne m'avez pas voulu croire tantôt, et votre fille l'a emporté sur moi : mais j'ai en main de quoi vous faire voir comme elle m'accommode; et, Dieu merci, mon déshonneur est si clair maintenant, que vous n'en pourrez plus douter.

M. DE SOTENVILLE.

Comment! mon gendre, vous en êtes encore là-dessus?

GEORGE DANDIN.
Oui, j'y suis, et jamais je n'eus tant de sujet d'y être.

MADAME DE SOTENVILLE.
Vous nous venez encore étourdir la tête?

GEORGE DANDIN.
Oui, madame, et l'on fait bien pis à la mienne.

M. DE SOTENVILLE.
Ne vous lassez-vous point de vous rendre importun?

GEORGE DANDIN.
Non; mais je me lasse fort d'être pris pour dupe.

MADAME DE SOTENVILLE.
Ne voulez-vous point vous defaire de vos pensées extravagantes?

GEORGE DANDIN.
Non, madame; mais je voudrais bien me défaire d'une femme qui me deshonore.

MADAME DE SOTENVILLE.
Jour de dieu! notre gendre, apprenez à parler.

M. DE SOTENVILLE.
Corbleu! cherchez des termes moins offensants que ceux-là.

GEORGE DANDIN.
Marchand qui perd ne peut rire.

MADAME DE SOTENVILLE.
Souvenez-vous que vous avez épousé une demoiselle.

GEORGE DANDIN.
Je m'en souviens assez, et ne m'en souviendrai que trop.

M. DE SOTENVILLE.
Si vous vous en souvenez, songez donc à parler d'elle avec plus de respect.

GEORGE DANDIN.
Mais que ne songe-t-elle plutôt à me traiter plus honnêtement? Quoi! parce qu'elle est demoiselle, il faut qu'elle ait la liberté de me faire ce qu'il lui plaît, sans que j'ose souffler?

M. DE SOTENVILLE.

Qu'avez-vous donc, et que pouvez-vous dire? N'avez-vous pas vu, ce matin, qu'elle s'est défendue de connaître celui dont vous m'étiez venu parler?

GEORGE DANDIN.

Oui ; mais, vous, que pourrez-vous dire, si je vous fais voir maintenant que le galant est avec elle?

MADAME DE SOTENVILLE.

Avec elle?

GEORGE DANDIN.

Oui, avec elle, et dans ma maison.

M. DE SOTENVILLE.

Dans votre maison?

GEORGE DANDIN.

Oui, dans ma propre maison.

MADAME DE SOTENVILLE.

Si cela est, nous serons pour vous contre elle.

M. DE SOTENVILLE.

Oui ; l'honneur de notre famille nous est plus cher que toute chose ; et, si vous dites vrai, nous la renoncerons pour notre sang et l'abandonnerons à votre colère.

GEORGE DANDIN.

Vous n'avez qu'à me suivre.

MADAME DE SOTENVILLE.

Gardez de vous tromper.

M. DE SOTENVILLE.

N'allez pas faire comme tantôt.

GEORGE DANDIN.

Mon dieu ! vous allez voir. (*montrant Clitandre qui sort avec Angélique.*) Tenez, ai-je menti?

SCENE X.

ANGÉLIQUE, CLITANDRE, CLAUDINE, MONSIEUR ET MADAME DE SOTENVILLE AVEC GEORGE DANDIN, *dans le fond du théâtre.*

ANGÉLIQUE, à *Clitandre.*

Adieu ; j'ai peur qu'on vous surprenne ici, et j'ai quelques mesures à garder.

CLITANDRE.

Promettez-moi donc, madame, que je pourrai vous parler cette nuit.

ANGÉLIQUE.

J'y ferai mes efforts.

GEORGE DANDIN, *à monsieur et à madame de Sotenville.*

Approchons doucement par derrière, et tâchons de n'être point vus.

CLAUDINE.

Ah! madame, tout est perdu! voilà votre père et votre mère accompagnés de votre mari.

CLITANDRE.

Ah! ciel!

ANGÉLIQUE, *bas, à Clitandre et à Claudine.*

Ne faites pas semblant de rien, et me laissez faire tous deux. (*haut à Clitandre.*) Quoi! vous osez en user de la sorte après l'affaire de tantôt, et c'est ainsi que vous dissimulez vos sentiments? On me vient rapporter que vous avez de l'amour pour moi, et que vous faites des desseins de me solliciter; j'en témoigne mon dépit, et m'explique à vous clairement en présence de tout le monde; vous niez hautement la chose, et me donnez parole de n'avoir aucune pensée de m'offenser; et cependant le même jour vous prenez la hardiesse de venir chez moi me rendre visite, de me dire que vous m'aimez, et de me faire cent sots contes, pour me persuader de répondre à vos extravagances, comme si j'étais femme à violer la foi que j'ai donnée à un mari, et m'éloigner jamais de la vertu que mes parents m'ont enseignée? Si mon père savait cela, il vous apprendrait bien à tenter de ces entreprises! Mais une honnête femme n'aime point les éclats; je n'ai garde de lui en rien dire; (*après avoir fait signe à Claudine d'apporter un bâton.*) et je veux vous montrer que, toute femme que je suis, j'ai assez de courage pour me venger moi-même des offenses que l'on me fait. L'action que vous avez faite n'est pas d'un gentilhomme, et ce n'est pas en gentilhomme que je veux vous traiter.

(*Angélique prend le bâton et le lève sur Clitandre, qui*

se range de façon que les coups tombent sur George Dandin.)

CLITANDRE, *criant comme s'il avait été frappé.*

Ah! ah! ah! ah! ah! doucement!

SCENE XI.

MONSIEUR ET MADAME DE SOTENVILLE, ANGÉLIQUE, GEORGE DANDIN, CLAUDINE.

CLAUDINE.

Fort, madame! frappez comme il faut.

ANGÉLIQUE, *faisant semblant de parler à Clitandre.*

S'il vous demeure quelque chose sur le cœur, je suis pour vous répondre.

CLITANDRE.

Apprenez à qui vous vous jouez.

ANGELIQUE, *faisant l'étonnée.*

Ah! mon père, vous êtes là?

M. DE SOTENVILLE.

Oui, ma fille; et je vois qu'en sagesse et en courage tu te montres un digne rejeton de la maison de Sotenville. Viens çà, approche-toi que je t'embrasse.

MADAME DE SOTENVILLE.

Embrasse-moi aussi, ma fille. Las! je pleure de joie, et reconnais mon sang aux choses que tu viens de faire.

M. DE SOTENVILLE.

Mon gendre, que vous devez être ravi! et que cette aventure est pour vous pleine de douceurs! Vous aviez un juste sujet de vous alarmer; mais vos soupçons se trouvent dissipés le plus avantageusement du monde.

MADAME DE SOTENVILLE.

Sans doute, notre gendre, et vous devez maintenant être le plus content des hommes.

CLAUDINE.

Assurément. Voilà une femme, celle-là! vous êtes

trop heureux de l'avoir, et vous devriez baiser les pas où elle passe.

GEORGE DANDIN, à part.

Hé! traîtresse!

M. DE SOTENVILLE.

Qu'est-ce, mon gendre? Que ne remerciez-vous un peu votre femme de l'amitié que vous voyez qu'elle montre pour vous?

ANGÉLIQUE.

Non, non, mon père, il n'est pas nécessaire : il ne m'a aucune obligation de ce qu'il vient de voir, et tout ce que j'en fais n'est que pour l'amour de moi-même.

M. DE SOTENVILLE.

Où allez-vous, ma fille?

ANGÉLIQUE.

Je me retire, mon père, pour ne me voir point obligée de recevoir ses compliments.

CLAUDINE, à George Dandin.

Elle a raison d'être en colère. C'est une femme qui mérite d'être adorée, et vous ne la traitez pas comme vous devriez.

GEORGE DANDIN, à part.

Scélérate!

SCENE XII.

MONSIEUR et MADAME DE SOTENVILLE, GEORGE DANDIN.

M. DE SOTENVILLE.

C'est un petit ressentiment de l'affaire de tantôt, et cela se passera avec un peu de caresses que vous lui ferez. Adieu, mon gendre; vous voilà en état de ne vous plus inquiéter. Allez-vous-en faire la paix ensemble et tâchez de l'apaiser par des excuses de votre emportement.

MADAME DE SOTENVILLE.

Vous devez considérer que c'est une jeune fille élevée à la vertu, et qui n'est point accoutumée à se voir soupçonnée d'aucune vilaine action. Adieu. Je suis ravie de voir vos désordres finis, et des transports de joie que vous doit donner sa conduite.

SCENE XIII.

GEORGE DANDIN, seul.

Je ne dis mot, car je ne gagnerais rien à parler : et jamais il ne s'est rien vu d'egal à ma disgrace. Oui, j'admire mon malheur, et la subtile adresse de ma carogne de femme pour se donner toujours raison et me faire avoir tort. Est-il possible que toujours j'aurai du dessous avec elle, que les apparences toujours tourneront contre moi, et que je ne parviendrai point à convaincre mon effrontée? O ciel! seconde mes desseins et m'accorde la grace de faire voir aux gens que l'on me déshonore!

FIN DU DEUXIÈME ACTE.

ACTE TROISIÈME.

SCÈNE PREMIÈRE.

CLITANDRE, LUBIN.

CLITANDRE.

La nuit est avancée, et j'ai peur qu'il ne soit trop tard. Je ne vois point à me conduire. Lubin?

LUBIN.

Monsieur?

CLITANDRE.

Est-ce par ici?

LUBIN.

Je pense que oui. Morgué! voilà une sotte nuit, d'être si noire que cela!

CLITANDRE.

Elle a tort, assurément; mais, si d'un côté elle nous empêche de voir, elle empêche de l'autre que nous ne soyons vus.

LUBIN.

Vous avez raison, elle n'a pas tant de tort. Je voudrais bien savoir, monsieur, vous qui êtes savant, pourquoi il ne fait point jour la nuit?

CLITANDRE.

C'est une grande question, et qui est difficile. Tu es curieux, Lubin.

LUBIN.

Oui. Si j'avais étudié, j'aurais été songer à des choses où on n'a jamais songé.

CLITANDRE.

Je le crois. Tu as la mine d'avoir l'esprit subtil et pénétrant.

LUBIN.

Cela est vrai. Tenez, j'explique du latin, quoique jamais je ne l'aie appris; et, voyant l'autre jour écrit

ACTE III, SCENE II.

sur une grande porte *collegium*, je devinai que cela voulait dire collége.

CLITANDRE.

Cela est admirable! Tu sais donc lire, Lubin?

LUBIN.

Oui, je sais lire la lettre moulée; mais je n'ai jamais su apprendre à lire l'ecriture.

CLITANDRE.

Nous voici contre la maison. (*après avoir frappé dans ses mains.*) C'est le signal que m'a donné Claudine.

LUBIN.

Par ma foi, c'est une fille qui vaut de l'argent, et je l'aime de tout mon cœur.

CLITANDRE.

Aussi t'ai-je amené avec moi pour l'entretenir.

LUBIN.

Monsieur, je vous suis...

CLITANDRE.

Chut! J'entends quelque bruit.

SCENE II.
ANGÉLIQUE, CLAUDINE, CLITANDRE, LUBIN.

ANGÉLIQUE.

Claudine.

CLAUDINE.

Hé bien?

ANGÉLIQUE.

Laisse la porte entr'ouverte.

CLAUDINE.

Voilà qui est fait.

(*Scène de nuit. Les acteurs se cherchent les uns les autres dans l'obscurité.*)

CLITANDRE, *à Lubin.*

Ce sont elles. St.

ANGÉLIQUE.

St.

LUBIN.
St.
CLAUDINE.
St.
CLITANDRE, *à Claudine qu'il prend pour Angélique.*
Madame!
ANGÉLIQUE, *à Lubin, qu'elle prend pour Clitandre.*
Quoi?
LUBIN, *à Angélique qu'il prend pour Claudine.*
Claudine.
CLAUDINE, *à Clitandre, qu'elle prend pour Lubin.*
Qu'est-ce?
CLITANDRE, *à Claudine, croyant parler à Angélique.*
Ah! madame, que j'ai de joie!
LUBIN, *à Angélique, croyant parler à Claudine.*
Claudine? ma pauvre Claudine!
CLAUDINE, *à Clitandre.*
Doucement, monsieur.
ANGÉLIQUE, *à Lubin.*
Tout beau, Lubin.
CLITANDRE.
Est-ce toi, Claudine?
CLAUDINE.
Oui.
LUBIN.
Est-ce vous, Madame?
ANGÉLIQUE.
Oui.
CLAUDINE, *à Clitandre.*
Vous avez pris l'une pour l'autre.
LUBIN, *à Angélique.*
Ma foi, la nuit, on n'y voit goutte.
ANGÉLIQUE.
Est-ce pas vous, Clitandre?
CLITANDRE.
Oui, madame.
ANGÉLIQUE.
Mon mari ronfle, comme il faut, et j'ai pris ce temps pour nous entretenir ici.

ACTE III, SCENE III.

CLITANDRE.

Cherchons quelque lieu pour nous asseoir.

CLAUDINE.

C'est fort bien avisé.

(*Angélique, Clitandre et Claudine vont s'asseoir au fond du théâtre.*)

LUBIN, *cherchant Claudine.*

Claudine! où est-ce que tu es?

SCENE III.

ANGÉLIQUE, CLITANDRE, CLAUDINE, *assis au fond du théâtre;* GEORGE DANDIN, *à moitié déshabillé,* LUBIN.

GEORGE DANDIN, *à part.*

J'ai entendu descendre ma femme, et je me suis vite habillé pour descendre après elle. Où peut-elle être allée? Serait-elle sortie?

LUBIN, *cherchant Claudine.*

Où es-tu donc, Claudine? (*prenant George Dandin pour Claudine.*) Ah! te voilà. Par ma foi, ton maître est plaisamment attrapé, et je trouve ceci aussi drôle que les coups de bâton de tantôt, dont on m'a fait récit. Ta maîtresse dit qu'il ronfle à cette heure comme tous les diantres; et il ne sait pas que monsieur le vicomte et elle sont ensemble pendant qu'il dort. Je voudrais bien savoir quel songe il fait maintenant. Cela est tout à fait risible. De quoi s'avise-t-il aussi d'être jaloux de sa femme, et de vouloir qu'elle soit à lui tout seul? C'est un impertinent, et monsieur le vicomte lui fait trop d'honneur. Tu ne dis mot, Claudine? Allons, suivons-les, et me donne ta petite menotte, que je la baise. Ah! que cela est doux! Il me semble que je mange des confitures. (*à George Dandin qu'il prend toujours pour Claudine, et qui le repousse rudement.*) Tudieu! comme vous y allez! voilà une petite menotte qui est un peu bien rude.

GEORGE DANDIN.

Qui va là?

LUBIN.

Personne.

GEORGE DANDIN.

Il fuit, et me laisse informé de la nouvelle perfidie de ma coquine. Allons, il faut que, sans tarder, j'envoie appeler son père et sa mère, et que cette aventure me serve à me faire séparer d'elle. Holà! Colin! Colin!

SCENE IV.

ANGÉLIQUE, CLITANDRE, CLAUDINE, LUBIN, *assis au fond du théâtre*; GEORGE DANDIN, COLIN.

COLIN, *à la fenêtre*.

Monsieur!

GEORGE DANDIN.

Allons, vite; ici bas.

COLIN, *sortant par la fenêtre*.

M'y voilà, on ne peut pas plus vite.

GEORGE DANDIN.

Tu es là?

COLIN.

Oui, monsieur.
(*Pendant que George Dandin va chercher Colin du côté où il a entendu sa voix, Colin passe de l'autre, et s'endort.*)

GEORGE DANDIN, *se tournant du côté où il croit qu'est Colin*.

Doucement. Parle bas. Ecoute. Va-t'en chez mon beau-père et ma belle-mère, et dis que je les prie très instamment de venir tout à l'heure ici. Entends-tu? Hé! Colin! Colin!

COLIN, *de l'autre côté se réveillant*.

Monsieur!

GEORGE DANDIN.

Où diable es-tu?

COLIN.

Ici.

ACTE III, SCÈNE IV.

GEORGE DANDIN.

Peste soit du maroufle qui s'éloigne de moi! (*Pendant que George Dandin retourne au côté où il croit que Colin est resté, Colin, a moitié endormi, passe de l'autre côté et se rendort.*) Je te dis que tu ailles de ce pas trouver mon beau-père et ma belle-mère, et leur dire que je les conjure de se rendre ici tout à l'heure. M'entends-tu bien ? Réponds. Colin! Colin!

COLIN, *de l'autre côté, se réveillant.*

Monsieur!

GEORGE DANDIN.

Voilà un pendard qui me fera enrager. Viens-t'en à moi. (*Ils se rencontrent, et tombent tous deux.*) Ah! le traître! il m'a estropié. Où est-ce que tu es? Approche, que je te donne mille coups. Je pense qu'il me fuit.

COLIN.

Assurément.

GEORGE DANDIN.

Veux-tu venir?

COLIN.

Nenni, ma foi.

GEORGE DANDIN.

Viens, te dis-je.

COLIN.

Point. Vous me voulez battre.

GEORGE DANDIN.

Hé bien! non, je ne te ferai rien.

COLIN.

Assurément?

GEORGE DANDIN.

Oui. Approche. (*à Colin, qu'il tient par le bras.*) Bon. Tu es bien heureux de ce que j'ai besoin de toi. Va-t'en vite, de ma part, prier mon beau-père et ma belle-mère de se rendre ici le plus tôt qu'ils pourront, et leur dis que c'est pour une affaire de la dernière conséquence ; et, s'ils faisaient quelque difficulté à cause de l'heure, ne manque pas de les presser et de leur bien faire entendre qu'il est très important qu'ils viennent, en quelque état qu'ils soient. Tu m'entends bien maintenant?

COLIN.

Oui, monsieur.

GEORGE DANDIN.

Va vite, et reviens de même. (*se croyant seul.*) Et moi, je vais rentrer dans ma maison, attendant que... Mais j'entends quelqu'un. Ne serait-ce point ma femme? Il faut que j'écoute, et me serve de l'obscurité qu'il fait.

(*George Dandin se range près la porte de sa maison.*)

SCENE V.

ANGÉLIQUE; CLITANDRE, CLAUDINE, LUBIN, GEORGE DANDIN.

ANGÉLIQUE, *à Clitandre.*

Adieu, il est temps de se retirer.

CLITANDRE.

Quoi! si tôt?

ANGÉLIQUE.

Nous nous sommes assez entretenus.

CLITANDRE.

Ah! madame, puis-je assez vous entretenir, et trouver, en si peu de temps, toutes les paroles dont j'ai besoin? Il me faudrait des journées entières pour me bien expliquer à vous de tout ce que je sens; et je ne vous ai pas dit encore la moindre partie de ce que j'ai à vous dire.

ANGÉLIQUE.

Nous en écouterons une autre fois davantage.

CLITANDRE.

Hélas! de quel coup me percez-vous l'âme, lorsque vous parlez de vous retirer; et avec combien de chagrin m'allez-vous laisser maintenant!

ANGÉLIQUE.

Nous trouverons moyen de nous revoir.

CLITANDRE.

Oui. Mais je songe qu'en me quittant vous allez

trouver un mari. Cette pensée m'assassine, et les privilèges qu'ont les maris sont des choses cruelles pour un amant qui aime bien.

ANGÉLIQUE.

Serez-vous assez faible pour avoir cette inquiétude, et pensez-vous qu'on soit capable d'aimer de certains maris qu'il y a? On les prend parce qu'on ne s'en peut défendre, et que l'on dépend de parents qui n'ont des yeux que pour le bien ; mais on sait leur rendre justice, et l'on se moque fort de les considérer au-delà de ce qu'ils méritent.

GEORGE DANDIN, *à part.*

Voilà nos carognes de femmes!

CLITANDRE.

Ah! qu'il faut avouer que celui qu'on vous a donné était peu digne de l'honneur qu'il a reçu, et que c'est une étrange chose que l'assemblage qu'on a fait d'une personne comme vous avec un homme comme lui.

GEORGE DANDIN, *à part.*

Pauvres maris! voilà comme on vous traite.

CLITANDRE.

Vous méritez, sans doute, une tout autre destinée; et le ciel ne vous a point faite pour être la femme d'un paysan.

GEORGE DANDIN.

Plût au ciel! fût-elle la tienne! tu changerais bien de langage! Rentrons, c'en est assez.

(*George Dandin étant rentré, ferme la porte en dedans.*)

SCÈNE VI.

ANGÉLIQUE, CLITANDRE, CLAUDINE, LUBIN.

CLAUDINE.

Madame, si vous avez à dire du mal de votre mari, dépêchez-vous vite, car il est tard.

CLITANDRE.

Ah! Claudine, que tu es cruelle!

ANGÉLIQUE, à *Clitandre*.

Elle a raison, séparons-nous.

CLITANDRE.

Il faut donc s'y résoudre, puisque vous le voulez; mais au moins je vous conjure de me plaindre un peu des méchants moments que je vais passer.

ANGÉLIQUE.

Adieu.

LUBIN.

Où es-tu, Claudine, que je te donne le bon soir?

CLAUDINE.

Va, va, je le reçois de loin, et je t'en renvoie autant.

SCÈNE VII.

ANGÉLIQUE, CLAUDINE.

ANGÉLIQUE.

Entrons sans faire de bruit.

CLAUDINE.

La porte s'est fermée.

ANGÉLIQUE.

J'ai le passe-partout.

CLAUDINE.

Ouvrez donc doucement.

ANGÉLIQUE.

On a fermé en dedans; et je ne sais comment nous ferons.

CLAUDINE.

Appelez le garçon qui couche là.

ANGÉLIQUE.

Colin! Colin! Colin!

SCÈNE VIII.

GEORGE DANDIN, ANGÉLIQUE, CLAUDINE.

GEORGE DANDIN, *à la fenêtre*.

Colin! Colin! Ah! je vous y prends donc, madame ma femme; et vous faites des *escampativos* pendant que je dors! Je suis bien aise de cela, et de vous voir dehors à l'heure qu'il est.

ACTE III, SCENE VIII.

ANGÉLIQUE.

Hé bien ! quel grand mal est-ce qu'il y a à prendre le frais de la nuit?

GEORGE DANDIN.

Oui, oui, l'heure est bonne à prendre le frais ! C'est bien plutôt le chaud, madame la coquine; et nous savons toute l'intrigue du rendez-vous et du damoiseau. Nous avons entendu votre galant entretien, et les beaux vers à ma louange que vous avez dits l'un et l'autre. Mais ma consolation, c'est que je vais être vengé, et que votre père et votre mère seront convaincus maintenant de la justice de mes plaintes et du dérèglement de votre conduite. Je les ai envoyé quérir, et ils vont être ici dans un moment.

ANGÉLIQUE, *à part*.

Ah ! ciel !

CLAUDINE.

Madame !

GEORGE DANDIN.

Voilà un coup, sans doute, où vous ne vous attendiez pas. C'est maintenant que je triomphe, et j'ai de quoi mettre à bas votre orgueil et détruire vos artifices. Jusques ici vous avez joué mes accusations, ébloui vos parents, et plâtré vos malversations. J'ai eu beau voir et beau dire, et votre adresse toujours l'a emporté sur mon bon droit, et toujours vous avez trouvé moyen d'avoir raison; mais, à cette fois, dieu merci, les choses vont être éclaircies, et votre effronterie sera pleinement confondue.

ANGÉLIQUE.

Hé, je vous prie, faites-moi ouvrir la porte.

GEORGE DANDIN.

Non, non; il faut attendre la venue de ceux que j'ai mandés, et je veux qu'ils vous trouvent dehors à la belle heure qu'il est. En attendant qu'ils viennent, songez, si vous voulez, à chercher dans votre tête quelque nouveau détour pour vous tirer de cette affaire; à inventer quelque moyen de rhabiller votre escapade; à trouver quelque belle ruse pour éluder ici les gens et paraître innocente, quelque prétexte

spécieux de pélerinage nocturne, ou d'amie en travail d'enfant que vous veniez de secourir.
ANGÉLIQUE.
Non. Mon intention n'est pas de vous rien déguiser. Je ne prétends point me défendre, ni vous nier les choses, puisque vous les savez.
GEORGE DANDIN.
C'est que vous voyez bien que tous les moyens vous en sont fermés, et, que dans cette affaire, vous ne sauriez inventer d'excuses qu'il ne me soit facile de convaincre de fausseté.
ANGÉLIQUE.
Oui, je confesse que j'ai tort, et que vous avez sujet de vous plaindre; mais je vous demande, par grace, de ne m'exposer point maintenant à la mauvaise humeur de mes parents, et de me faire promptement ouvrir.
GEORGE DANDIN.
Je vous baise les mains.
ANGÉLIQUE.
Hé! mon pauvre petit mari, je vous en conjure!
GEORGE DANDIN.
Hé! mon pauvre petit mari! Je suis votre petit mari, maintenant, parce que vous vous sentez prise. Je suis bien aise de cela; et vous ne vous étiez jamais avisée de me dire de ces douceurs.
ANGÉLIQUE.
Tenez, je vous promets de ne vous plus donner aucun déplaisir, et de me...
GEORGE DANDIN.
Tout cela n'est rien. Je ne veux point perdre cette aventure, et il m'importe qu'on soit une fois éclairci à fond de vos déportements.
ANGÉLIQUE.
De grace, laissez-moi vous dire. Je vous demande un moment d'audience.
GEORGE DANDIN.
Hé bien! quoi?
ANGÉLIQUE.
Il est vrai que j'ai failli, je vous avoue encore une

fois, que votre ressentiment est juste; que j'ai pris le temps de sortir pendant que vous dormiez, et que cette sortie est un rendez-vous que j'avais donné à la personne que vous dites: mais enfin ce sont des actions que vous devez pardonner à mon âge, des emportements de jeune personne qui n'a encore rien vu, et ne fait que d'entrer dans le monde; des libertés où l'on s'abandonne sans y penser de mal, et qui, sans doute, dans le fond n'ont rien de...

GEORGE DANDIN.
Oui, vous le dites, et ce sont de ces choses qui ont besoin qu'on les croie pieusement.

ANGÉLIQUE.
Je ne veux point m'excuser par là d'être coupable envers vous, et je vous prie seulement d'oublier une offense dont je vous demande pardon de tout mon cœur; et de m'epargner, en cette rencontre, le déplaisir que me pourraient causer les reproches fâcheux de mon père et de ma mère. Si vous m'accordez généreusement la grace que je vous demande, ce procédé obligeant, cette bonté que vous me ferez voir, me gagnera entièrement; elle touchera tout à fait mon cœur, et y fera naître pour vous ce que tout le pouvoir de mes parents et les liens du mariage n'avaient pu y jeter; en un mot, elle sera cause que je renoncerai à toutes les galanteries, et n'aurai de l'attachement que pour vous. Oui, je vous en donne ma parole que vous m'allez voir désormais la meilleure femme du monde, et que je vous témoignerai tant d'amitié, que vous en serez satisfait.

GEORGE DANDIN.
Ah! crocodile qui flatte les gens pour les étrangler!

ANGÉLIQUE.
Accordez-moi cette faveur.

GEORGE DANDIN.
Point d'affaire, je suis inexorable.

ANGÉLIQUE.
Montrez-vous généreux.

GEORGE DANDIN.
Non.

ANGÉLIQUE.

De grâce!

GEORGE DANDIN.

Point.

ANGÉLIQUE.

Je vous en conjure de tout mon cœur.

GEORGE DANDIN.

Non, non, non. Je veux qu'on soit détrompé de vous, et que votre confusion éclate.

ANGÉLIQUE.

Hé bien! si vous me réduisez au désespoir, je vous avertis qu'une femme, en cet état, est capable de tout, et que je ferai quelque chose ici dont vous vous repentirez.

GEORGE DANDIN.

Et que ferez-vous, s'il vous plaît?

ANGÉLIQUE.

Mon cœur se portera jusqu'aux extrêmes résolutions; et, de ce couteau que voici, je me tuerai sur la place.

GEORGE DANDIN.

Ah! ah! à la bonne heure.

ANGÉLIQUE.

Pas tant à la bonne heure pour vous que vous vous imaginez. On sait de tous côtés nos différents et les chagrins perpétuels que vous concevez contre moi. Lorsqu'on me trouvera morte, il n'y aura personne qui mette en doute que ce ne soit vous qui m'aurez tuée; et mes parents ne sont pas gens assurément à laisser cette mort impunie, et ils en feront sur votre personne toute la punition que leur pourront offrir et les poursuites de la justice, et la chaleur de leur ressentiment. C'est par là que je trouverai moyen de me venger de vous; et je ne suis pas la première qui ait su recourir à de pareilles vengeances, qui n'ait pas fait difficulté de se donner la mort, pour perdre ceux qui ont la cruauté de nous pousser à la dernière extrémité.

GEORGE DANDIN.

Je suis votre valet. On ne s'avise plus de se tuer

soi-même; et la mode en est passée il y a longtemps.
ANGELIQUE.
C'est une chose dont vous pouvez vous tenir sûr ; et, si vous persistez dans votre refus ; si vous ne me faites ouvrir, je vous jure que, tout à l'heure, je vais vous faire voir jusqu'où peut aller la résolution d'une personne qu'on met au désespoir.
GEORGE DANDIN.
Bagatelles, bagatelles, c'est pour me faire peur.
ANGÉLIQUE.
Hé bien ! puisqu'il le faut, voici qui nous contentera tous deux, et montrera si je me moque. (*après avoir fait semblant de se tuer.*) Ah ! c'en est fait. Fasse le ciel que ma mort soit vengée comme je le souhaite, et que celui qui en est cause reçoive un juste châtiment de la dureté qu'il a eue pour moi !
GEORGE DANDIN.
Ouais, serait-elle bien si malicieuse, que de s'être tuée pour me faire pendre? Prenons un bout de chandelle pour aller voir.

SCÈNE IX.
ANGÉLIQUE, CLAUDINE.

ANGÉLIQUE, à *Claudine*.
St. Paix ! Rangeons-nous chacune immédiatement contre un des côtés de la porte.

SCÈNE X.

ANGÉLIQUE ET CLAUDINE *entrent dans la maison au moment que George Dandin en sort, et ferment la porte en dedans*; GEORGE DANDIN, *une chandelle à la main.*

GEORGE DANDIN.
La méchanceté d'une femme irait-elle bien jusque-là? (*seul après avoir regardé partout.*) Il n'y a personne. Hé! je m'en étais bien douté; et la pendarde s'est retirée, voyant qu'elle ne gagnait rien après moi, ni par prières, ni par menaces. Tant mieux! cela rendra ses affaires encore plus mauvaises; et le père et la mère,

qui vont venir, en verront mieux son crime. *(après avoir été à la porte de la maison pour entrer.)* Ah! ah! la porte s'est fermée! Holà! hé! quelqu'un! qu'on m'ouvre promptement.

SCENE XI.

ANGÉLIQUE et CLAUDINE, *à la fenêtre;* GEORGE DANDIN.

ANGÉLIQUE.

Comment c'est toi? D'où viens-tu, bon pendard? Est-il l'heure de revenir chez soi, quand le jour est près de paraître? et cette manière de vie est-elle celle que doit suivre un honnête mari?

CLAUDINE.

Cela est-il beau d'aller ivrogner toute la nuit, et de laisser ainsi toute seule une pauvre femme dans la maison?

GEORGE DANDIN.

Comment! vous avez...

ANGÉLIQUE.

Va, va, traître, je suis lasse de tes déportements, et je m'en veux plaindre sans plus tarder à mon père et à ma mère.

GEORGE DANDIN.

Quoi! c'est ainsi que vous osez...

SCENE XII.

MONSIEUR et MADAME DE SOTENVILLE, *en déshabillé de nuit;* COLIN, *portant une lanterne;* ANGÉLIQUE et CLAUDINE, *à la fenêtre;* GEORGE DANDIN.

ANGÉLIQUE, *à M. et à madame de Sotenville.*

Approchez, de grace, et venez me faire raison de l'insolence la plus grande du monde, d'un mari à qui le vin et la jalousie ont troublé de telle sorte la cervelle, qu'il ne sait plus ce qu'il dit, ni ce qu'il fait, et vous a lui-même envoyé quérir pour vous faire témoins de l'extravagance la plus étrange dont on ait jamais ouï parler. Le voilà qui revient comme vous

ACTE III, SCENE XII.

voyez, après s'être fait attendre toute la nuit : et, si vous voulez l'écouter, il vous dira qu'il a les plus grandes plaintes du monde à vous faire de moi ; que, durant qu'il dormait, je me suis dérobée d'auprès de lui pour m'en aller courir, et cent autres contes de même nature qu'il est allé rêver.

GEORGE DANDIN, *à part.*

Voilà une méchante carogne !

CLAUDINE.

Oui, il nous a voulu faire accroire qu'il était dans la maison, et que nous en étions dehors ; et c'est une folie qu'il n'y a pas moyen de lui ôter de la tête.

M. DE SOTENVILLE.

Comment ! Qu'est-ce à dire cela ?

MADAME DE SOTENVILLE.

Voilà une furieuse impudence que de nous envoyer quérir.

GEORGE DANDIN.

Jamais...

ANGÉLIQUE.

Non, mon père, je ne puis plus souffrir un mari de la sorte ; ma patience est poussée à bout : et il vient de me dire cent paroles injurieuses.

M. DE SOTENVILLE, *à George Dandin.*

Corbleu ! vous êtes un mal honnête homme !

CLAUDINE.

C'est une conscience de voir une pauvre jeune femme traitée de la façon ; et cela crie vengeance au ciel.

GEORGE DANDIN.

Peut-on...?

M. DE SOTENVILLE.

Allez, vous devriez mourir de honte.

GEORGE DANDIN.

Laissez-moi vous dire deux mots.

ANGÉLIQUE.

Vous n'avez qu'à l'écouter, il va vous en conter de belles !

GEORGE DANDIN, *à part.*

Je désespère.

CLAUDINE.

Il a tant bu que je ne pense pas qu'on puisse durer contre lui; et l'odeur du vin qu'il souffle est montée jusqu'à nous.

GEORGE DANDIN.

Monsieur mon beau-père, je vous conjure...

M. DE SOTENVILLE.

Retirez-vous: vous puez le vin à pleine bouche.

GEORGE DANDIN.

Madame, je vous prie...

MADAME DE SOTENVILLE.

Fi! ne m'approchez pas, votre haleine est empestée.

GEORGE DANDIN, *à M. de Sotenville.*

Souffrez que je vous...

M. DE SOTENVILLE.

Retirez-vous, vous dis-je: on ne peut vous souffrir.

GEORGE DANDIN, *à madame de Sotenville.*

Permettez, de grace, que...

MADAME DE SOTENVILLE.

Pouas! vous m'engloutissez le cœur. Parlez de loin si vous voulez.

GEORGE DANDIN.

Hé bien! oui, je parle de loin. Je vous jure que je n'ai bougé de chez moi, et que c'est elle qui est sortie.

ANGÉLIQUE.

Ne voilà pas ce que je vous ai dit?

CLAUDINE.

Vous voyez quelle apparence il y a.

M. DE SOTENVILLE, *à George Dandin.*

Allez, vous vous moquez des gens. Descendez, ma fille, et venez ici.

SCENE XIII.

MONSIEUR et MADAME DE SOTENVILLE, GEORGE DANDIN, COLIN.

GEORGE DANDIN.

J'atteste le ciel que j'étais dans la maison, et que...

M. DE SOTENVILLE.
Taisez-vous, c'est une extravagance qui n'est pas supportable.
GEORGE DANDIN.
Que la foudre m'écrase tout à l'heure, si...
M. DE SOTENVILLE.
Ne nous rompez pas davantage la tête, et songez à demander pardon à votre femme.
GEORGE DANDIN.
Moi ! demander pardon ?
M. DE SOTENVILLE.
Oui, pardon, et sur le champ.
GEORGE DANDIN.
Quoi ! je...
M. DE SOTENVILLE.
Corbleu ! si vous me répliquez, je vous apprendrai ce que c'est que de vous jouer à nous.
GEORGE DANDIN.
Ah ! George Dandin !

SCENE XIV.

MONSIEUR et **MADAME DE SOTENVILLE**, **ANGÉLIQUE, GEORGE DANDIN, CLAUDINE, COLIN.**

M. DE SOTENVILLE.
Allons, venez, ma fille, que votre mari vous demande pardon.
ANGÉLIQUE.
Moi ! lui pardonner tout ce qu'il m'a dit ? Non, non, mon père, il m'est impossible de m'y résoudre ; et je vous prie de me séparer d'un mari avec lequel je ne saurais plus vivre.
CLAUDINE.
Le moyen d'y résister !
M. DE SOTENVILLE.
Ma fille, de semblables séparations ne se font point sans grand scandale ; et vous devez vous montrer plus sage que lui, et patienter encore cette fois.

ANGÉLIQUE.

Comment! patienter après de telles indignités? Non, mon père, c'est une chose où je ne puis consentir.

M. DE SOTENVILLE.

Il le faut, ma fille; et c'est moi qui vous le commande.

ANGÉLIQUE.

Ce mot me ferme la bouche, et vous avez sur moi une puissance absolue.

CLAUDINE.

Quelle douceur!

ANGÉLIQUE.

Il est fâcheux d'être contrainte d'oublier de telles injures; mais, quelque violence que je me fasse, c'est à moi de vous obéir.

CLAUDINE.

Pauvre mouton!

M. DE SOTENVILLE, *à Angélique.*

Approchez.

ANGÉLIQUE.

Tout ce que vous me faites faire ne servira de rien; et vous verrez que ce sera dès demain à recommencer.

M. DE SOTENVILLE.

Nous y donnerons ordre. (*à George Dandin.*) Allons, mettez-vous à genoux.

GEORGE DANDIN.

A genoux?

M. DE SOTENVILLE.

Oui, à genoux, et sans tarder.

GEORGE DANDIN, *à genoux, une chandelle à la main.* (*à part.*) O ciel! (*à M. de Sotenville.*) Que faut-il dire?

M. DE SOTENVILLE.

Madame, je vous prie de me pardonner...

GEORGE DANDIN.

Madame, je vous prie de me pardonner...

M. DE SOTENVILLE.

L'extravagance que j'ai faite...

ACTE III, SCENE XV.

GEORGE DANDIN.

L'extravagance que j'ai faite... (*à part.*) de vous épouser.

M. DE SOTENVILLE.

Et je vous promets de mieux vivre à l'avenir.

GEORGE DANDIN.

Et je vous promets de mieux vivre à l'avenir.

M. DE SOTENVILLE, *à George Dandin.*

Prenez-y garde, et sachez que c'est ici la dernière de vos impertinences que nous souffrirons.

MADAME DE SOTENVILLE.

Jour de dieu! si vous y retournez, on vous apprendra le respect que vous devez à votre femme et à ceux de qui elle sort.

M. DE SOTENVILLE.

Voilà le jour qui va paraître. Adieu. (*à George Dandin.*) Rentrez chez vous, et songez bien à être sage. (*à madame de Sotenville.*) Et nous, m'amour, allons nous mettre au lit.

SCENE XV.

GEORGE DANDIN, *seul.*

Ah! je le quitte maintenant, et je n'y vois plus de remède. Lorsqu'on a, comme moi, épousé une méchante femme, le meilleur parti qu'on puisse prendre, c'est de s'aller jeter dans l'eau la tête la première.

FIN DE GEORGE DANDIN.

INTERMÈDES
DE
GEORGE DANDIN.

PERSONNAGES DES INTERMEDES.

GEORGE DANDIN.
BERGERS dansants, déguisés en valets de fête.
BERGERS jouant de la flûte.
CLIMÈNE, bergère chantante.
CHLORIS, bergère chantante.
TIRCIS, berger chantant, amant de Climène.
PHILENE, berger chantant, amant de Chloris.
UNE BERGERE.
BATELIERS dansants.
UN PAYSAN, ami de George Dandin.
CHOEURS DE BERGERS chantants.
BERGERS ET BERGERES dansants.
UN SATYRE chantant.
UN SUIVANT DE BACCHUS, chantant.
CHOEURS DE SUIVANTS DE BACCHUS, chantants.
CHOEUR DE SUIVANTS DE L'AMOUR, chantants.
UN BERGER chantant.
SUIVANTS DE BACCHUS ET BACCHANTES, dansants.
SUIVANTS DE L'AMOUR, dansants.

PREMIER INTERMÈDE.

SCENE PREMIÈRE.

GEORGE DANDIN, BERGERS *déguisés en valets de fête*, BERGERS *jouant de la flûte.*

PREMIERE ENTREE.

Quatre bergers déguisés en valets de fête, accompagnés de quatre bergers jouant de la flûte, entrent en dansant, et obligent George Dandin de danser avec eux. George Dandin, mal satisfait de son mariage, et n'ayant l'esprit rempli que de fâcheuses pensées quitte bientôt les bergers, avec lesquels il n'a demeuré que par contrainte.

SCENE II.

CLIMÈNE, CHLORIS.

CLIMÈNE.
L'autre jour, d'Anette
J'entendis la voix,
Qui sur sa musette
Chantait dans nos bois :
Amour, que sous ton empire
On souffre de maux cuisants !
Je le puis bien dire,
Puisque je le sens.

CHLORIS.
La jeune Lisette,
Au même moment,
Sur le ton d'Anette
Reprit tendrement :
Amour, si sous ton empire
Je souffre des maux cuisants,
C'est de n'oser dire
Tout ce que je sens.

SCENE III.

TIRCIS, PHILÈNE, CLIMÈNE, CHLORIS.

CHLORIS.
Laisse-nous en repos, Philène.

CLIMÈNE.
Tircis, ne viens point m'arrêter.
TIRCIS ET PHILENE ENSEMBLE.
Ah! belle inhumaine,
Daigne un moment m'écouter.
CLIMENE ET CHLORIS ENSEMBLE.
Mais que me veux-tu conter?
TIRCIS ET PHILENE ENSEMBLE.
Que d'une flamme immortelle
Mon cœur brûle sous tes lois.
CLIMENE ET CHLORIS ENSEMBLE.
Ce n'est pas une nouvelle,
Tu me l'a dis mille fois.
PHILENE, *à Chloris.*
Quoi! veux-tu, toute ma vie,
Que j'aime, et n'obtienne rien?
CHLORIS.
Non, ce n'est pas mon envie;
N'aime plus, je le veux bien.
TIRCIS, *à Climène.*
Le ciel me force à l'hommage
Dont tous ces bois sont témoins.
CLIMENE.
C'est au ciel, puisqu'il t'engage,
A te payer de tes soins.
PHILENE, *à Chloris.*
C'est par ton mérite extrême
Que tu captives mes vœux.
CHLORIS.
Si je mérite qu'on m'aime,
Je ne dois rien à tes feux.
TIRCIS ET PHILENE ENSEMBLE.
L'éclat de tes yeux me tue.
CLIMENE ET CHLORIS ENSEMBLE.
Détourne de moi tes pas.
TIRCIS ET PHILENE ENSEMBLE.
Je me plais dans cette vue.
CLIMENE ET CHLORIS ENSEMBLE.
Berger, ne t'en plains donc pas.
PHILENE.
Ah! belle Climène!
TIRCIS.
Ah! belle Chloris!
PHILENE, *à Climène.*
Rends-la pour moi plus humaine.

TIRCIS, *à Chloris.*
Dompte pour moi ses mépris.
CLIMENE, *à Chloris.*
Sois sensible à l'amour que te porte Philène.
CHLORIS, *à Climène.*
Sois sensible à l'ardeur dont Tircis est épris.
CLIMENE, *à Chloris.*
Si tu veux me donner ton exemple, bergère,
Peut-être je le recevrai.
CHLORIS, *à Climène.*
Si tu veux te résoudre à marcher la première,
Possible que je te suivrai.
CLIMENE ET CHLORIS ENSEMBLE.
Adieu, berger.
CLIMENE, *à Philène.*
Attends un favorable sort.
CHLORIS, *à Tircis.*
Attends un doux succès du mal qui te possède.
TIRCIS.
Je n'attends aucun remède.
PHILENE.
Et je n'attends que la mort.
TIRCIS ET PHILÈNE ENSEMBLE.
Puisqu'il nous faut languir en de tels déplaisirs,
Mettons fin, en mourant, à nos tristes soupirs.

FIN DU PREMIER INTERMÈDE.

SECOND INTERMEDE.

SCENE PREMIÈRE.

GEORGE DANDIN, UNE BERGERE.

La bergère vient apprendre à George Dandin le désespoir de Tircis et de Philène, qui se sont précipités dans les eaux. George Dandin, agité d'autres inquiétudes, la quitte en colère.

SCENE II.

CHLORIS.

Ah! mortelles douleurs!
Qu'ai-je plus à prétendre?
Coulez, coulez, mes pleurs:
Je n'en puis trop répandre.

Pourquoi faut-il qu'un tyrannique honneur
Tienne notre ame en esclave asservie?
Hélas! pour contenter sa barbare rigueur,
J'ai réduit mon amant à sortir de la vie!

Ah! mortelles douleurs!
Qu'ai-je plus à prétendre?
Coulez, coulez, mes pleurs:
Je n'en puis trop répandre.

Me puis-je pardonner dans ce funeste sort
Les sévères froideurs dont je m'étais armée?
Quoi donc! mon cher amant, je t'ai donné la mort!
Est-ce le prix, hélas! de m'avoir tant aimée?

Ah! mortelles douleurs!
Qu'ai-je plus à prétendre?
Coulez, coulez, mes pleurs:
Je n'en puis trop répandre.

FIN DU SECOND INTERMÈDE.

TROISIEME INTERMEDE.

SCENE PREMIÈRE.

GEORGE DANDIN, UNE BERGERE, BATELIERS.

La bergère qui avait annoncé à George Dandin le malheur de Tircis et Philène, lui vient dire que ces bergers ne sont point morts, et lui montre les bateliers qui les ont sauvés. George Dandin n'écoute pas plus tranquillement ce second récit de la bergère qu'il n'avait fait le premier, et se retire.

SCENE II.

ENTREE DE BALLET.

Les bateliers qui ont sauvé Tircis et Philène, ravis de la récompense qu'ils ont reçue, expriment leur joie en dansant, et font une manière de jeu avec leurs crocs.

FIN DU TROISIÉME INTERMEDE.

QUATRIEME INTERMEDE.

SCENE PREMIÈRE.

GEORGE DANDIN, UN PAYSAN.

Ce paysan, ami de George Dandin, lui conseille de noyer dans le vin toutes ses inquiétudes, et l'emmène pour joindre sa troupe, voyant venir toute la foule des bergers amoureux, qui commencent à célébrer par des chants et des danses le pouvoir de l'Amour.

SCENE II.

Le théâtre change, et représente de grandes roches entremêlées d'arbres où l'on voit plusieurs bergers qui jouent des instruments.

CHLORIS, CLIMÈNE, TIRCIS, PHILÈNE, CHOEUR DE BERGERS CHANTANTS, BERGERS ET BERGÈRES DANSANTS.

CHLORIS.

Ici l'ombre des ormeaux
Donne un teint frais aux herbettes,
Et les bords de ces ruisseaux
Brillent de mille fleurettes
Qui se mirent dans les eaux.
Prenez, bergers, vos musettes,
Ajustez vos chalumeaux,
Et mêlons nos chansonnettes
Aux chants des petits oiseaux.
Le zéphyre entre ces eaux
Fait mille courses secrètes;
Et les rossignols nouveaux
De leurs douces amourettes
Parlent aux tendres rameaux.
Prenez, bergers, vos musettes,
Ajustez vos chalumeaux,
Et mêlons nos chansonnettes
Aux chants des petits oiseaux.

INTERMÈDE IV, SCENE III.

PREMIÈRE ENTRÉE DE BALLET.

Bergers et Bergères dansants.

CLIMENE.
Ah! qu'il est doux, belle Sylvie,
Ah! qu'il est doux de s'enflammer!
Il faut retrancher de la vie
Ce qu'on en passe sans aimer.

CHLORIS.
Ah! les beaux jours qu'Amour nous donne,
Lorsque sa flamme unit les cœurs!
Est-il ni gloire ni couronne
Qui vaille ses moindres douceurs?

TIRCIS.
Qu'avec peu de raison on se plaint d'un martyre
Que suivent de si doux plaisirs!

PHILENE.
Un moment de bonheur dans l'amoureux empire
Répare dix ans de soupirs.

TOUS ENSEMBLE.
Chantons tous de l'amour le pouvoir adorable;
Chantons tous dans ces lieux
Ses attraits glorieux:
Il est le plus aimable
Et le plus grand des dieux.

SCÈNE III.

Un grand rocher couvert d'arbres, sur lequel est assise toute la troupe de Bacchus, s'avance sur le bord du théâtre

UN SATYRE, UN SUIVANT DE BACCHUS, COEUR DE SATYRE CHANTANTS, SUIVANTS DE BACCHUS ET BACCHANTES DANSANTS; CHLORIS, CLIMÈNE, TIRCIS, PHILENE, CHOEURS DE BERGERS CHANTANTS; BERGERS ET BERGÈRES DANSANTS.

LE SATYRE.
Arrêtez, c'est trop entreprendre,
Un autre dieu, dont nous suivons les lois,
S'oppose à cet honneur qu'à l'Amour osent rendre
Vos musettes et vos voix:
A des titres si beaux Bacchus seul peut prétendre,
Et nous sommes ici pour défendre ses droits.

CHOEUR DE SATYRES.
Nous suivons de Bacchus le pouvoir adorable;

Nous suivons en tous lieux
Ses attraits glorieux:
Il est le plus aimable
Et le plus grand des dieux.

DEUXIEME ENTREE DE BALLET.

Suivants de Bacchus et bacchantes dansants.

CHLORIS.

C'est le printemps qui rend l'ame
A nos champs semés de fleurs ;
Mais c'est l'Amour et sa flamme
Qui font revivre nos cœurs.

UN SUIVANT DE BACCHUS.

Le soleil chasse les ombres
Dont le ciel est obscurci ;
Et des ames les plus sombres
Bacchus chasse le souci.

CHOEUR DES SUIVANTS DE BACCHUS.

Bacchus est revéré sur la terre et sur l'onde.

CHOEUR DES SUIVANTS DE L'AMOUR.

Et l'Amour est un dieu qu'on adore en tous lieux.

CHOEUR DES SUIVANTS DE BACCHUS.

Bacchus à son pouvoir a soumis tout le monde.

CHOEUR DES SUIVANTS DE L'AMOUR.

Et l'Amour a dompté les hommes et les dieux.

CHOEUR DES SUIVANTS DE BACCHUS.

Rien peut-il égaler sa force sans seconde ?

CHOEUR DES SUIVANTS DE L'AMOUR.

Rien peut-il égaler ses charmes precieux ?

CHOEUR DES SUIVANTS DE BACCHUS.

Fi de l'amour et de ses feux !

CHOEUR DES SUIVANTS DE L'AMOUR.

Ah ! quel plaisir d'aimer !

CHOEUR DES SUIVANTS DE BACCHUS.

Ah ! quel plaisir de boire !

CHOEUR DES SUIVANTS DE L'AMOUR.

A qui vit sans amour la vie est sans appas.

CHOEUR DES SUIVANTS DE BACCHUS.

C'est mourir que de vivre et de ne boire pas.

CHOEUR DES SUIVANTS DE L'AMOUR.

Aimables fers !

CHOEUR DES SUIVANTS DE BACCHUS.

Douce victoire !

INTERMÈDE IV, SCÈNE III.

CHOEUR DES SUIVANTS DE L'AMOUR.
Ah! quel plaisir d'aimer!

CHOEUR DES SUIVANTS DE BACCHUS.
Ah! quel plaisir de boire!

TOUS ENSEMBLE.
Non, non, c'est un abus :
Le plus grand dieu de tous...

CHOEUR DES SUIVANTS DE L'AMOUR.
C'est l'Amour.

CHOEUR DES SUIVANTS DE BACCHUS.
C'est Bacchus.

SCÈNE IV.

UN BERGER, ET LES MÊMES ACTEURS.

LE BERGER.
C'est trop, c'est trop, bergers. Hé! pourquoi ces débats!
Souffrons qu'en un parti la raison nous assemble.
L'Amour a des douceurs, Bacchus a des appas :
Ce sont deux déités qui sont fort bien ensemble;
Ne les séparons pas.

LES DEUX CHOEURS.
Mêlons donc leurs douceurs aimables.
Mêlons nos voix dans ces lieux agréables,
Et faisons répéter aux échos d'alentour
Qu'il n'est rien de plus doux que Bacchus et l'Amour.

TROISIÈME ENTRÉE DE BALLET.

Les bergers et bergères se mêlent avec les suivants de Bacchus et les bacchantes. Les suivants de Bacchus frappent avec leurs thyrses les espèces de tambours de basques que portent les bacchantes pour représenter ces cribles qu'elles portaient anciennement aux fêtes de Bacchus; les unes et les autres font différentes postures, pendant que les bergers et les bergères dansent plus sérieusement.

FIN DU TOME CINQUIÈME.

TABLE

DU TOME CINQUIEME.

Le Tartuffe. . . . . .Page   1
Amphitryon. 95
_eorge Dandin. 173

TABLE DU TOME CINQUIEME.
Le Tartuffe
Amphitryon
[...]eorge Dandin
N DE LA TABLE.

www.ingramcontent.com/pod-product-compliance
Lightning Source LLC
Chambersburg PA
CBHW070622170426
43200CB00010B/1887